KB164889

이상한 나라의
기발한 건축가들

지구에 없는 디자인으로 도시의 풍경을 창조하다

이상한 나라의
기발한 건축가들

다른

이 책을 더 잘 읽는 방법

★ LEVEL 1 ★

건축을 보는 안목 20%

20%

건축가들이 활동했던 시대에는 어떤 일들이 있었을까요?
시대별 주요 사건을 건축가의 삶과 연결해서 작품을 보면
색다른 느낌이 들 거예요.

★ LEVEL 2 ★

건축을 보는 안목 40%

40%

본문을 읽기 전, 각 장 첫 쪽에 들어간 **건축가 프로필**을
살펴보세요. 건축가가 어떤 사람인지 한눈에 파악할 수
있어요. 재미는 덤입니다!

★ LEVEL 3 ★

건축을 보는 안목 60%

60%

건축가들의 삶을 **흥미로운 이야기**로 만나 보세요. 성장 배경,
성격, 어떤 건축가에게 영향을 받았는지 등을 알고 나면
그들의 건축 세계를 자연스럽게 이해할 수 있답니다.

건축을 보는 안목 80%

건축 용어는 너무 어려워~! 하지만 포기할 수 없겠죠? 본문
속 **팁박스 '지식 더하기'**로 쉽게 설명했어요. 그밖에 모르는
용어나 건축물은 직접 찾아보면 더 좋을 거예요

건축을 보는 안목 100%

각 장 끝에 들어간 **'건축 이야기 속 역사 읽기'**를 읽어 보세요.
건축 책을 읽었는데 역사 지식까지 쌓이는 일석이조의 효과!

레벨 마스터
어디 가서 건축 좀 안다고
말해도 좋습니다!

건축가들은 어떤 시대를 살았을까?

 start!

1909	1914
조선 을사늑약	제1차 세계대전 발발

1929
미스 반데어로에 바르셀로나 파빌리온

1931
르코르뷔지에 빌라 사보아

1970	1968	1961	1960
한국 와우아파트 붕괴사고	프랑스 68운동 체코 프라하의 봄	한국 5·16 군사 쿠데타	한국 4·19 혁명

1967
김수근 세운상가 아파트

1962
김중업 프랑스 대사관

1971	1980
한국 광주 대단지 사건	한국 5·18 광주민주화운동

1975
김수근 공간 사옥

1977
렌초 피아노 퐁피두센터

이 책에 나오는 건축물과 세계 역사

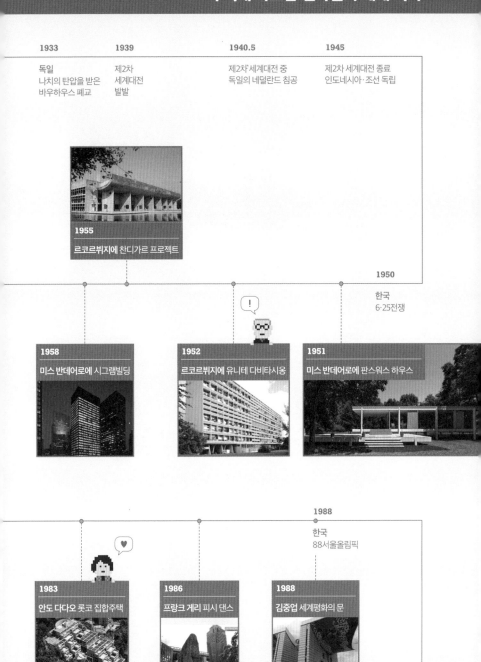

1933
독일
나치의 탄압을 받은
바우하우스 폐교

1939
제2차
세계대전
발발

1940.5
제2차 세계대전 중
독일의 네덜란드 침공

1945
제2차 세계대전 종료
인도네시아·조선 독립

1955
르코르뷔지에 찬디가르 프로젝트

1950
한국
6·25전쟁

1958
미스 반데어로에 시그램빌딩

1952
르코르뷔지에 유니테 다비타시옹

1951
미스 반데어로에 판스워스 하우스

1988
한국
88서울올림픽

1983
안도 다다오 롯코 집합주택

1986
프랑크 게리 피시 댄스

1988
김중업 세계평화의 문

2001	1997	1995
미국	한국	일본
9·11테러	IMF 외환위기	고베 대지진

1997
프랑크 게리 빌바오 구겐하임 미술관

1996
프랑크 게리 댄싱하우스

2003

미국
이라크 침공

2004
렘 콜하스 시애틀 공공도서관

2005
렘 콜하스 서울대학교 미술관

fin!

2019

코로나19 대유행

2019
자하 하디드 카타르 월드컵 경기장

go!

1990
독일 통일

1994
렌초 피아노 간사이 국제공항

1993
자하 하디드 비트라 소방서

1989
안도 다다오 빛의 교회

2008
세계금융위기

2011
일본 후쿠시마
원전사고

!

2008
렘 콜하스 CCTV 사옥

2012
안도 다다오 제주도 본태박물관

2012
자하 하디드 아제르바이잔 문화센터

2016
영국
유럽 연합 탈퇴

2015
렌초 피아노 광화문 KT 사옥

2014
자하 하디드 동대문 디자인 플라자

차례

1

내 마지막 집은

 유니테 다비타시옹

오두막

1887~1965

르코르뷔지에

르코르뷔지에
Le Corbusier

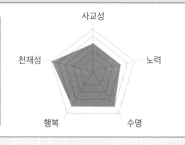

내가 만든 아파트에서 사는 기분이 어때?

프로필		대표 건축물
본명	샤를 에두아르 잔레그리	빌라 사보아
출생·사망	1887년~1965년	유니테 다비타시옹
국적	스위스-프랑스	찬디가르 프로젝트
특이사항	근대건축의 아버지 서민을 위한 건축가	라투레트 수도원

관계성

샤를 레플라트니에 #건축_진로 변경_인생 역전

오귀스트 페레 #5시간 근무_참스승

앙드레 말로 #프랑스 문화부 장관 #카루젤 광장_추도사

안도 다다오 #르코르뷔지에 책_정신적 스승

재미로 보는 인물 그래프

사교성 / 노력 / 수명 / 행복 / 천재성

늦여름의 프랑스 남부 해안은 평화롭고 고요했다. 푸른 바다 너머로 모나코 왕국이 보이는 조용한 모래밭에 통나무로 지은 작은 오두막이 하나 있었다. 뱃사람들이 창고나 헛간으로 쓸 것 같은 집이었다. 잠시 후 그곳에서 나온 노인은 해변을 걷기 시작했다. 바닷물은 아직 따뜻한 온기를 간직하고 있었다. 이제 곧 9월이 되면 두 달간의 여름휴가는 끝이 나고 파리의 사무실로 돌아가야 한다. 흘러가는 시간이 아쉬웠는지 노인은 바다로 들어가 수영을 시작했다. 수영은 생각보다 오래 걸렸다. 아니 영원히 끝나지 않을 수영이었는지도 모른다. 노인은 그만 바닷속에서 심장마비로 사망하고 말았으니까. 1965년 8월 27일의 일이었다.

그의 시신은 생전의 유언에 따라 라투레트 수도원으로 옮겨져 하룻밤을 보낸 뒤 곧바로 파리의 사무실로 돌아와 마지막 출근을 했다. 책상 위에 펼쳐진 스케치 도면에는 파리 라데팡스 지역의 재개발 구성안이 그려져 있었다. 그사이 프랑스의 샤를 드골 대통령은 그의 장례를 프랑스 국민장으로 치르기로 하고 모든 준비를 앙드레 말로에게 맡겼다.

말로는 프랑스를 대표하는 소설가이자 당시 문화부 장관이

르코르뷔지에

었다. 그의 유해는 루브르 궁전 앞 카루젤 광장으로 옮겨졌고, 말로가 슬픈 추도사를 읽는 가운데 장례가 진행됐다. 무덤은 프랑스 남부 해안에 마련되었다. 콘크리트로 지은 정사각형과 원통형의 작은 조형물이었는데, 실은 이미 8년 전에 그가 직접 설계해 만들어 놓은 것이었다. 그곳에서 그는 평생을 함께했던 아내 이본느와 영원히 잠들었다.

시간이 흐른 뒤 미국의 유명한 시사주간지 《타임》은 '20세기를 빛낸 위대한 100인' 가운데 하나로 그를 선정했다. 정치·경제·예술 등 모든 분야를 아울러 선정한 100인 중에 건축가로는 그가 유일했다. 그는 바로 '근대건축의 아버지'로 불리는 르코르뷔지에다. 건축의 역사는 르코르뷔지에 이전과 이후로 나뉜다고 할 수 있을 만큼 큰 획을 그었지만, 그가 노년을 보낸 집은 가로세로 3.6×3.6미터인 작은 오두막이었다. 영원한 안식을 위해 직접 설계했던 무덤은 50센티미터 크기의 정사각형 콘크리트 한 조각이 전부였다.

선생님이 발견해 준 재능

프랑스가 낳은 가장 유명한 건축가 르코르뷔지에의 고향은 스위스였다. 1887년 10월 6일 프랑스와 가까운 스위스 쥐라산맥에 위치한 작은 도시 라쇼드퐁에서 태어났다. 라쇼드퐁은 시계 산업으로 매우 유명한 곳이다. 르코르뷔지에의 할아버지와 아버지도 대대로 시계공으로 일했다. 그중에서도 시계 문자판 위에 아름다운 장식을 새기는 일을 했는데, 섬세한 미적 감각이 필요한 일이었다.

르코르뷔지에도 가업을 잇기 위해 열세 살에 미술학교에 입학했다. 만 열세 살이었으니 우리나라 중학교 과정에 해당하는데, 이곳에서 인생을 바꿔 줄 선생님을 만나게 된다. 파리에서 미술을 공부한 후 갓 부임한 샤를 레플라트니에 선생님이었다.

선생님은 스위스 산골의 작은 미술학교를 프랑스 낭시 미술학교나 오스트리아 빈 공방과 같은 유명한 장식예술학교로 만들 꿈을 가지고 있었다. 라쇼드퐁 마을이 규모는 작아도 스위스 시계 산업을 이끌고 있었기 때문이다. 바로 그 학교에 미술을 좋아하는 소년 르코르뷔지에가 입학하게 된다. 레플라트니에 선생님은 르코르뷔지에에게 미술과 그림 및 장식공예에 대해 가르쳤다. 열심히 공부한 르코르뷔지에는 열다섯 살이 되었을 때 이탈리아 밀라노에서 열린 국제견본전시회에 직접 디자인한 회중시계를 출품하는데 이것이 1등 상을 받게 된다. 스위스의 쥐라 산맥을 사각형으로 추상화하고 그 위에 매미 한 마리를 세공한 것이었다.

이 정도 재능이라면 르코르뷔지에도 아버지와 할아버지를

1906년 르코르뷔지에가 국제견본전시회에
출품해서 1등한 회중시계
이때까지만 해도 그는 뛰어난
시계 장인이 되기 위한 길을 걷고 있었다.

따라 시계 장식 장인이 되어 제법 유명해졌을 것이다. 하지만 선생님은 르코르뷔지에에게 시계 장식보다 건축적인 재능이 있음을 알아차리고 진로를 바꾸면 어떻겠느냐고 제안했다. 르코르뷔지에는 본래 건축을 좋아하지 않았다. 작은 시골 마을에서 건축가의 위상은 그다지 높지 않았고 그저 집을 짓는 목수나 석공쯤으로 생각했기 때문이다. 그러나 파리에서 미술을 공부하면서 건축도 미술의 한 분야가 될 수 있음을 알고 있었던 선생님은 그에게 끈질기게 건축가의 길을 권유했다. 훗날 르코르뷔지에는 이 무렵의 심정을 이렇게 이야기했다.

"선생님께서 나를 평범한 운명에서 구제해 주셨다. 나는 건축과 건축가들을 몹시 싫어했다. 하지만 열여섯 살이 되었을 때 선생님의 결정을 받아들이기로 하고 그의 말을 따랐다.

건축에 뛰어든 것이다."

　　미술학교 상급 과정에 입학한 르코르뷔지에는 건축과 장식을 공부하기 시작했고 열일곱 살이 되었을 때 처음으로 건축설계 과정에 참여하게 된다. 선생님의 소개로 조각가이자 미술가였던 루이 팔레라라는 사람의 집을 설계하는 데 참여하게 된 것이다. 물론 이때는 주도적으로 설계를 했다기보다는 건축가 곁에서 일을 배우며 거드는 정도였지만, 이것이 바로 그가 본격적으로 건축을 접한 순간이었다. 그때 지은 집은 스위스 산악지방의 전통가옥인 샬레였는데, 큰 특징이 있는 건물은 아니었지만 건축의 매력을 느낀 르코르뷔지에는 첫 설계로 번 돈을 들고 유럽 건축기행을 떠났다. 어쩌면 당시 귀족의 자제들이 고전 문화를 익히기 위해 떠났던 '그랜드 투어'와도 같은 여행이었다.

　　우선 이탈리아에 도착해 피렌체와 베네치아에 머물렀는데, 그곳에는 르네상스 시대의 건축과 예술품이 아주 많았다. 미술학교 시절 최우수 학생이었던 르코르뷔지에는 항상 조그만 스케치북과 색연필을 가지고 다니면서 눈에 보이는 대로 건축물을 스케치하고 자신의 감상을 적었다. 이탈리아 여행 후에는 부다페스트·빈·뮌헨 등을 거쳐 파리에서 몇 달을 머물렀는데 이 여행을 통해 그는 크게 성장한다. 이때 그에게 큰 영향을 끼친

샬레

스위스 전통가옥으로, 산이나 시골에 지은 오두막이다. 요즘에는 피서용 산장이나 작은 주택을 뜻하기도 한다. 햇볕을 가릴 수 있게 추녀가 길게 나온 모습이 특징이다.

건축가가 있었으니 바로 프랑스의 오귀스트 페레였다.

파리를 놀라게 한 건축가

스물한 살이 된 르코르뷔지에가 본격적으로 건축가의 길을 걷기 위해 찾아간 곳은 파리에 있는 페레의 설계사무소였다. 당시 페레는 최초의 프랑스식 아파트를 지은 건축가로 유명했다. 1904년 파리 프랭클린가 25번지에 지은 8층짜리 건물은 지금 우리가 생각하는 아파트와는 조금 다른 모습이지만 아파트의 시초라 할 수 있다.

1층에는 페레의 건축설계사무소가 있고 2~6층까지는 아파트가 있었는데, 한 세대가 한 층 전체를 사용하는 방식이었다. 7층에는 다 같이 즐길 수 있는 옥상정원이 있고 8층에는 다락방이 있었다. 이때 건물 바닥과 1층 사이는 층고(층과 층 사이 높이)가 매우 높았고 그 사이에는 큰 기둥이 있었는데, 이 기둥은 아파트 전체를 떠받치는 일종의 필로티(25쪽 참고)였다. 전체 건물은 당시로서는 새로운 방식이라 할 수 있는 철근 콘크리트 공법으로 지어졌다. 콘크리트 안에 철근을 넣어 건물을 더 튼튼하게 지을 수 있는 방법이다.

페레는 르코르뷔지에가 하루에 5시간만 근무하고 나머지 시간에는 수학과 건축을 공부할 수 있도록 배려했다. 대학에서 정식으로 건축을 공부하지 않은 그에게는 매우 소중한 시간이었다. 짬이 나면 파리 시내가 한눈에 보이는 노트르담 대성당 지붕 위에 올라가 다양한 건축물을 구경했다. 수백 개의 계단을 숨 가쁘게 올라가야 하는 그곳은 아무에게나 개방되지 않았지만 페레의 배려로 특별히 출입이 허용됐다.

지붕에 오르면 중세부터 지금까지 건축의 역사를 보여 주는 건물들을 한눈에 볼 수 있었다. 그런 우아하고 고풍스러운 분위기를 풍기는 파리 시내에서 유난히 눈에 띄는 건축물이 있었다. 장중한 회색 석재건물로 이루어진 파리 시내에 홀로 우뚝 서 있는 철제 탑, 바로 에펠탑이었다.

에펠탑은 1889년 파리 만국박람회를 기념하기 위해 지어졌다. 그 탑을 처음 짓기 시작한 것은 1887년이었는데 바로 그해에 르코르뷔지에가 태어났다. 에펠탑이 세워졌을 때 파리 시민들은 너무나 현대적인 모습에 놀라고 당황했다. 심지어 파리의 흉물이니 박람회가 끝난 후 곧바로 철거해야 한다고 말하는 사람도 있었다.

하지만 지금은 에펠탑 없는 파리는 상상할 수 없다. 르코르뷔지에도 마찬가지다. 35세가 된 1922년, 그는 자신의 이름을 내건 설계사무소를 열었다. 르코르뷔지에가 설계사무소를 열고 처음으로 혼자 설계한 건축물을 세상에 내놓았을 때 사람들은 지나치게 혁신적인 모습에 무척 낯설어했다. 하지만 이제 르코르뷔지에가 없는 현대건축은 상상할 수 없다. 고만고만한 파리의 스카이라인 위로 에펠탑이 불쑥 솟아올랐던 것처럼 애송이 견습생이 이제 곧 독보적인 건축가로 성장하려는 순간이었다.

"집은 살기 위한 기계다"

설계사무소를 연 르코르뷔지에는 본격적으로 주택설계에 전념했다. 대부분의 건물 외부는 군더더기 없이 깔끔한 상자 모양에 흰색으로 칠했다. 이 시기 그는 자신만의 독특한 주택형식을 확립하는 중이었다. 이윽고 1927년에 '근대건축의 5원칙'을 발표했는데, 그는 실제로 이 다섯 가지 원칙을 그대로 구현한 주택을 짓는다. 바로 1931년에 완공한 '빌라 사보아'다. 푸른 잔디밭 위에 지어진 백색의 2층 주택으로, 필로티로 들어 올린 순백의 깨끗한 사각형 건물이었다. 르코르뷔지에가 빌라 사보아를 통해 제안한 근대건축의 다섯 가지 원칙에는 필로티를 비롯해 옥상정원, 자유로운 평면, 가로로 긴 창, 자유로운 파사드가 있다.

첫 번째 원칙, '필로티'는 기둥을 써서 건물을 완전히 들어 올리는 방식이다. 건물을 지으려면 일정 넓이의 땅을 차지할 수밖에 없는데, 르코르뷔지에는 이 땅을 되도록 여러 사람이 이용할 수 있도록 한 것이다. 기둥을 세우고 생긴 빈 공간은 주차장이나 공용공간으로 사용할 수 있다.

두 번째 원칙, '옥상정원'은 말 그대로 평평한 형태의 옥상에 짓는 정원이다. 본래 개인주택은 집 앞에 마당을 두었지만 필로티를 만들면서 지상의 땅은 공공의 소유가 되었으니 막상 개인의 마당은 없어진다. 그렇다면 경사진 지붕 대신 평평한 옥상을 만들어 그곳에 정원을 조성하고 마당 대신 사용하면 어떨까. 당시 비가 오지 않는 사막 지대를 제외한 아시아와 유럽의 주택들은 대개 지붕이 경사져 있었다. 빗물이 빨리 빠지게 하기 위함이었는데, 20세기에 들어 건축 기술이 발달하면서 빗물의 배수 문제를 해결할 수 있었다. 그렇다면 아예 지붕을 없애고 평평한 옥

빌라 사보아 르코르뷔지에의 대표작으로 근대건축의 5원칙에 따라 만들었다.

상을 만들어 그곳을 정원으로 활용하자는 생각이었다.

세 번째 원칙, '자유로운 평면'은 건물의 무게를 견디게 만드는 벽(내력벽) 대신 기둥을 사용함으로써 내부구조를 자유롭게 구성하는 방식이다. 예전의 건물들은 주로 벽돌이나 석재를 이용해 집을 지었다. 건물의 무게를 안정적으로 받치기 위해 고정된 위치에 벽을 쌓다 보면 방은 정해진 틀 안에서 배치하게 된다. 이때 벽 대신 기둥을 사용하면 내부의 방 배치를 좀더 자유롭게 할 수 있다.

네 번째 원칙, 벽을 없애고 기둥식으로 집을 지으면 '가로로 긴 창'도 만들 수 있다. 석재나 벽돌로 벽을 쌓아 올리는 방식으로 집을 지으면 창문의 모양에도 한계가 생겨서 세로로 긴 창만 가능하다. 그러면 빛이 방 안에 골고루 들지 않아 불편하고 가끔 창문 없는 방이 생기기도 한다. 가로로 긴 창을 만들면 어느 곳에서나 빛의 양을 비슷하게 유지할 수 있다.

다섯 번째 원칙, '자유로운 피사드'다. 사람의 얼굴을 페이스^{face}라고 하듯 건물의 정면을 파사드^{façade}라고 하는데, 건축 디자인에서 매우 중요한 요소다. 전통적인 방식으로 집을 짓다 보면 대개 비슷비슷한 형태가 나온다. 하지만 벽 대신 기둥을 사용하면 파사드를 좀더 다양하게 꾸밀 수 있다.

빌라 사보아는 이 다섯 가지 원칙이 모두 쓰였다. 1층은 완전히 들어 올려 필로티로 떠받쳤고, 이곳에 주차장과 운전기사의 방을 두었다. 2층은 주거생활을 위한 공간으로 침실과 거실, 가족실 등이 있으며, 3층은 테라스와 옥상정원을 두었다. 그리고 1층에서 3층까지의 모든 공간은 계단이 아닌 긴 경사로로 이동할 수 있게 했다. 이렇게 되자 집 안에서도 동선이 길어지면서 일종의 산책로와 같은 역할을 하게 되었다.

푸른 잔디밭 위에 떠 있는 새하얀 사각형 건축은 지금 보아도 매우 현대적인데 1931년 당시의 눈으로 보면 더욱 놀라웠을 것이다. 이 집을 세상에 내놓으면서 르코르뷔지에는 "집은 살기 위한 기계다"라는 말을 했다. 이 말을 정확히 이해하기 위해서는 당시의 시대 배경을 알아보아야 한다.

20세기 초반 유럽은 예술과 생활 전반에서 **모더니즘**이 등장했다. 패션에서는 코코 샤넬이 등장해 과거와 같은 치렁치렁한 긴 드레스 대신 무릎 길이의 짧은 스커트와 자켓으로 이루어진 '샤넬 슈트'를 선보였다. 회화에서는 피카소가 나타나 추상화라

🔨 **지식 더하기**   ✕ ━ ◐

모더니즘
20세기에 새롭게 등장한 예술사조다. 전통과 권위에 반대하고 과학과 문화를 통해 자유롭고 평등한 개인을 추구했다. 건축에서는 장식이 많은 집 대신에 간결하고 기능적인 건축이 등장했다.

는 독특한 경지를 선보였고, 무용 역시 이사도라 덩컨이 등장해 고전무용인 발레 대신 현대무용을 발전시켰다.

건축도 마찬가지였다. 19세기까지 건축가들은 성당이나 왕궁 및 귀족이나 부유층의 집을 주로 지었다. 이런 집들은 주인의 권위와 부유함을 과시하기 위해 매우 화려하고 우아하면서 고풍스럽고 장중했다. 하지만 제1차 세계대전으로 유럽은 폐허가 되었고 모든 것이 부족해진 상황에서, 과거와 같이 화려하고 장식 많은 집은 지을 수가 없었다. 제1차 세계대전을 계기로 패션이 간단한 기성복으로 바뀌었듯 주택도 실용적이고 간결한 기성주택이 필요해진 것이다.

이때는 또한 대량생산된 기성품이 나오던 때이기도 했다. 마차를 대신하는 자동차와 가사노동을 덜어줄 각종 기계가 생산되었다. 20세기 초반 사람들이 생각하는 '기계'는 인간의 고된 노동을 대신할 새롭고 혁신적인 기술이었다. 마치 오늘날의 인공지능처럼 "인간의 삶을 혁신적으로 바꿀 신기술"이라는 뜻으로 두루 쓰이던 말이었다.

"집은 살기 위한 기계다"라는 말도 그러한 맥락에서 나왔다. 복잡한 기계를 만들어 놓고 그 안에서 살라는 뜻이 아니라, 집은 크고 화려하게 지을 필요가 없고 그저 간결하고 편리하게 짓는 것이 좋으며, 특히 공장에서 공산품을 찍어 내듯 대량생산을 해서 부자나 귀족이 아니어도 누구나 쉽게 집을 지을 수 있게 하자는 뜻이었다. 즉 "집은 살기 위한 기계다"라는 말은 "집은 살기 위한 도구다"와 같은 의도였다. 르코르뷔지에는 자신의 이러한 생각을 '유니테 다비타시옹'으로 더욱 발전시켰다.

누구도 주목하지 않았던 서민을 위한 집

1952년 프랑스의 항구도시 마르세유에 지어진 유니테 다비타시옹은 현대식 아파트의 시초라 일컫는 건축이다. 유니테 다비타시옹을 그대로 번역하면 '주거 단위'가 되는데 아파트의 특성을 잘 드러낸다고 볼 수 있다. 이 건물을 처음 짓던 1947년은 제2차 세계대전이 끝나 또 한번 주택 부족 문제를 겪던 시절이었다. 유럽 각국은 값싼 주택을 대량으로 지어야 했는데, 유니테 다비타시옹은 그 대안의 하나로 제시된 주택이다.

가로 130미터, 높이 56미터의 14층짜리 직사각형 콘크리트 건물로서 총 337세대가 살 수 있는 규모였다. 1인 가구에서부터 6명의 자녀가 있는 대가족이 살 만한 집까지 모두 23개의 다양한 평면 유형이 갖추어져 있었다. 각 세대는 복층으로 구성되어 1층은 거실과 주방, 식당이 있고 2층에는 침실을 두어 공간 구분을 명확히 했다.

7층에는 식품 가게와 상점, 세탁소, 약국이 있었고, 손님이

유니테 다비타시옹 서민을 위한 주택으로 오늘날 현대식 아파트의 시초다.

르코르뷔지에

방문했을 때 묵을 수 있는 호텔 객실도 있었다. 아파트 건물은 거대한 필로티로 완전히 들어 올렸고 그 아랫부분은 녹지로 조성해 모두를 위한 공원으로 만들었다. 옥상에는 아파트에 사는 어린이들을 위한 유치원, 놀이터, 수영장, 카페테리아, 일광욕장, 300미터 길이의 조깅트랙을 만드는 등 그가 일찍이 제시했던 근대건축의 5원칙이 모두 구현된 건물이었다.

한편 내부에는 '모듈러 시스템'을 적용했는데 이는 주택 내의 모든 치수를 정하는 방식이었다. 당시 프랑스 성인 남성의 평균 신장은 174센티미터였는데, 이보다 조금 큰 180센티미터를 기준으로 모든 치수를 결정했다. 르코르뷔지에가 모듈러 시스템을 제안한 이유는 주택의 규격화를 통한 대량생산을 염두에 두었기 때문이다. 유니테 다비타시옹이 지어진 항구도시 마르세유에는 선원이나 부두 노동자 등이 많았는데, 이들은 부자가 아닌 서민이었다. 그전까지 건축가들은 이들을 위한 주택을 설계하지 않았다.

하지만 르코르뷔지에는 지금까지 아무도 눈여겨보지 않은 노동자에게 눈길을 돌렸다. 이것이 그의 위대한 업적이다. 화려하고 장식이 많아서 숙련공이 하나하나 다듬어 만들어야 하는 과거의 우아한 석조주택 대신 모듈러 시스템을 통해 서민에게 저렴한 공동주택을 제공했다. 건축가의 시선을 소수의 부유층에서 다수의 대중에게로 돌렸다는 점에서 의의가 있다.

유니테 다비타시옹은 엄청난 반향을 불러일으켰고 그가 제시한 이론들은 현대건축에서 여전히 적용되고 있다. 그가 파리에 와서 처음으로 일할 때 그를 배려해 주었던 페레는 유니테 나비타시옹의 건설 현장에 직접 찾아와 이렇게 말했다.

"프랑스에는 두 명의 건축가가 있는데, 그중에 한 명이
르코르뷔지에다."

물론 나머지 한 명은 페레 자신이었을 것이다.

4평짜리 오두막

유니테 다비타시옹이 지어지던 때와 비슷한 1951년 프랑스 남부 해안가의 작은 마을 카프 마르탱에 또 하나의 작은 집이 지어지고 있었다. 가로세로 3.6×3.6미터 크기에 통나무로 지어진 작은 오두막이었다. 1.8×1.8미터가 1평이니 이 오두막은 4평짜리 집이었다. 방 안에는 침대, 책상, 화장실, 옷장이 하나씩 있었다. 르코르뷔지에가 설계한 가장 작은 집으로 그가 사용하는 여름용 별장이었다. 사무실과 집은 파리에 있었지만, 직접 지은 작은 통나무 오두막에서 매번 여름을 보내곤 했다. 그리고 1965년, 어느

새 77세의 노인이 된 르코르뷔지에는 그해 여름도 휴가를 즐기기 위해 이곳으로 왔다. 8월 27일 늦여름의 어느 날이었다. 그는 평화롭고 아름다운 남부 해안의 바닷가에서 해수욕을 즐기다가 갑자기 심장마비로 사망하고 말았다.

빌라 사보아, 유니테 다비타시옹은 물론 대영제국에서 독립한 인도의 새로운 수도 찬디가르의 전체 도시계획까지 모두 성공적으로 마무리한 후였다. 그리고 프랑스 파리의 신시가지 라데팡스의 재개발 담당 건축가로 정해져 도시계획을 앞둔 상황이었지만 생각보다 빨리 그의 심장이 멎어 버린 것이다. 혹독한 추위가 몰아치는 스위스의 산간 마을에서 태어난 그는 프랑스 남부 해안의 따뜻한 바닷물 속에서 숨을 거두었다. 사망 후 그의 시신이 하룻밤을 머물렀던 라투레트 수도원은 생전에 가장 애착을 느끼고 좋아했던 건물이었다. 현재 그의 건축물 가운데 17개가 유네스코 세계문화유산으로 지정되었는데, 단일 건축가가 설계한 작품으로는 가장 많다.

수없이 많은 부자와 상류층을 위한 집을 설계한 건축가였지만 그가 말년을 보낸 집은 4평짜리 작은 오두막이었고, 죽은 후의 영원한 안식을 위해 지은 무덤은 조그만 콘크리트 비석이었다. '집은 살기 위한 도구'라는 평소의 신념을 몸소 실천한 것이다. 요즘 TV나 신문에서 "집은 사는 것이 아니라 사는 곳입니다"라는 말을 더러 한다. 주택을 투기의 수단으로 이용하는 것을 경계한 말이다. 집은 살기 위한 곳, 즉 "집은 살기 위한 기계다"라는 100년 전 르코르뷔지에의 말이 가슴에 와닿는 순간이다.

프랑스혁명과 아파트

#시민혁명 #중산층 #핵가족

들라크루아, 〈민중을 이끄는 자유의 여신〉, 1830

지금 우리가 사용하는 '아파트'라는 말은 '아파트먼트'의 줄임말인데, 그 유래는 프랑스로 거슬러 올라간다. 17~18세기 프랑스의 대저택들은 몇 개의 구역으로 나누어져 있었다. 대식당, 연회장, 접견실, 응접실 등으로 이루어진 아파르트멍 드 파라데(appartment de parade, 과시적 공간), 살롱, 피아노방, 규방 등으로 이루어진 아파르트멍 드 소시에테(appartment de societe, 사교적 공간), 침실, 화장실, 드레스룸, 파우더룸 등으로 이루어진 아파르트멍 드 코모디테(appartment de commodite, 사적인 공간) 등이었다. 여기서 '아파르트멍'은 커다란 전체 공간에서 떨어져 나온 한 부분을 의미하는 말이다.

그런데 18세기 말 프랑스혁명이 일어나 귀족이 붕괴하고 중산층이 성장하면서 대저택은 더 이상 소용이 없게 된다. 그러자 대저택은 각각의 아파르트멍 별로 나뉘어 중산층이나 핵가족에게 임대되기 시작했다. 그러다가 핵가족이 세대별로 생활하기 편하도록 아예 처음부터 임대 목적으로 지은 것이 19세기의 아파르트멍인데, 페레가 지었던 최초의 프랑스식 아파트도 바로 이러한 건물이었다.

2

철과 유리의

시대

1886~1969

 시그램빌딩

미스
반데어로에

미스 반데어로에

Mies van der Rohe

히틀러에게서
바우하우스를
지키고 싶었어.

프로필

본명	마리아 루트비히 미하엘 미스
출생·사망	1886년~1969년
국적	독일
특이사항	히틀러에게 맞선 용기

대표 건축물

바르셀로나 파빌리온

판스워스 하우스

시그램빌딩

관계성

히틀러 #바우하우스_폐교 #진짜_나쁜 놈

프랭크 로이드 라이트 #탈리에신_초대
 #영어_왕초보

에디스 판스워스 #공사비_폭탄 #이별

재미로 보는 인물 그래프

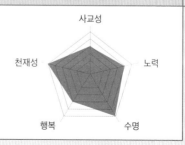

1932년 10월 독일의 소도시 데사우에 있는 어느 학교에 나치 경찰들이 들이닥쳤다. 팔뚝에는 저마다 완장을 차고, 창문을 깨고 들어와 교무실로 가더니 교과서는 물론 온갖 서류를 들추고 무언가를 찾는 듯했다. 어쩌면 학교를 아예 난장판으로 만들려는 속셈 같았다. 미술과 공예, 건축을 가르치는 학교여서 학생들이 직접 만든 작품도 많았는데 나치는 그 모든 것을 바닥에 내동댕이쳤다. 그나마 학교 건물을 파괴하지 않은 것이 다행이었다.

그날 교장인 미스 반데어로에와 미술교사였던 칸딘스키, 파울 클레 등은 모두 연행되어 조사를 받아야 했다. 학생들에게 잘못된 이념을 가르치고 있는지에 대한 조사였다. 며칠 간의 조사 끝에 다들 '혐의 없음'으로 풀려 났지만 이 일로 학교는 쑥대밭이 되었다. 무엇보다 나치가 학교 폐쇄 명령을 내렸으니 더 이상 수업을 계속할 수가 없었다. 하지만 어떻게 해서든 학교를 다시 열어야 한다고 생각한 미스는 데사우에서 멀리 떨어진 베를린 근처에 낡고 빈 공장 하나를 빌려 다시 수업을 시작했다.

나치의 탄압을 받던 그 학교는 '바우하우스Bauhous'로, 1919년 독일 바이마르에 세워진 기술공예학교였다. 독일어로 바우Bau는 건축, 하우스^{Haus}는 집을 뜻하는 것에서 알 수 있듯이, 건축을 가르치는 학교였다. 하지만 단순히 집 짓는 기술만을 가르친 것이 아니라 예술과 기술의 통합이라는 이념에 맞게 미술교육에도 충실했다. 화가인 클레와 칸딘스키를 교사로 초빙한 것도 그 때문이다. 초대 교장이던 발터 그로피우스는 유명한 건축가였고, 바우하우스도 직접 설계했다.

바우하우스는 모더니즘을 주요 이념으로 삼았기 때문에 건축도 개인이나 지역의 특수성을 넘어서는 국제주의 양식을 지향하고 있었다. 하지만 나치는 게르만족이 세계에서 가장 우수한 민족이므로, 학교에서도 독일 고전건축을 가르칠 것을 요구했다. 이에 동의할 수 없었던 그로피우스는 결국 사퇴했고 두 번째 교장도 2년 만에 그만두었다. 그리고 이제 세 번째 교장이 된 미스가 베를린의 낡은 공장을 빌려 다시 학교 문을 열었지만, 나치는 이곳까지 찾아왔다.

1933년 4월 11일 이른 아침, 경찰은 트럭을 타고 학교 안으로 들어왔다. 개강 첫날이라 학교에는 학생이 많았는데 경찰은 이들을 줄 세우더니 일일이 신분증을 조사했다. 학생이 학교에 가는데 굳이 신분증이 필요할까 하는 생각에 가지고 다니지 않는 학생이 더 많았다. 하지만 나치는 이 당연한 것을 수상하게 여겼고, 신분증을 소지하지 않은 학생들을 트럭에 태우고 어디

론가 데리고 가버렸다. 낡은 공장에 모여 수상한 모의를 하고 있는 것 같으니 조사가 필요하다는 이유였다. 그리고 그해 8월 10일 바우하우스는 폐교되었다.

1919년에 설립해 1933년에 폐교되었으니 존속기간은 14년 남짓으로 짧았지만, 바우하우스의 이념과 학풍은 유럽과 미국으로 퍼져 나갔다. 초대 교장이던 그로피우스는 사퇴 후 미국으로 건너가 하버드 대학교 디자인 대학원의 학장이 되었다. 마지막 교장이던 미스도 미국 일리노이 공과 대학의 학장이 되었다.

졸업생들은 전 세계로 흩어져 1940~1950년대 본격적인 모더니즘의 시대를 열었다. 현재 대부분의 건축 대학과 미술 대학, 디자인 대학의 교과과정은 바우하우스의 영향을 받아 만들어졌다. 그런데 이렇게 유명한 바우하우스의 그로피우스와 미스는 정작 대학을 졸업하지 않았다. 대학은커녕 고등학교도 다니지 않았다. 그런데도 어떻게 세계에서 가장 유명한 두 학교의 교장과 학장이 될 수 있었을까? 미스 반데어로에, 그는 누구였을까.

석공의 아들로 태어난 소년

르코르뷔지에, 프랭크 로이드 라이트와 함께 근대건축의 3대 거장이라 불리는 미스 반데어로에는 1886년 3월 27일 독일 북부의 작은 공업도시인 아헨에서 태어났다. 아버지는 돌을 다듬는 석공으로, 주로 벽난로 위의 선반을 만들었다. 우리나라에 온돌 문화가 있다면 유럽에는 벽난로 문화가 있었다. 19세기 석탄 생산이 증가하면서 북유럽에서는 집마다 벽난로를 설치하고 벽난로 위에 작은 선반을 두어 도자기나 가족의 초상화 등 장식품을 두는 인테리어가 크게 유행했다. 미스의 아버지는 이 선반에 우아한 장식을 새겨 넣는 일을 했고, 미스도 8~9세부터 아버지를 따라 채석장에 나가 벽돌 쌓는 일을 배웠다. 이는 집 안이 가난해서라기보다는 19세기 유럽의 일반적인 모습에 가까웠다.

당시 유럽은 요즘처럼 초등학교-중학교-고등학교라는 학제가 명확히 정립되어 있지 않아서 공부하는 방식도 제각각이었다. 부유한 집 아이들은 가정교사를 두었지만, 평범한 집 아이들은 초등학교에 해당하는 성당학교에서 기본적인 읽기와 글쓰기, 셈하기 등을 배웠다. 그다음으로는 2~3년 과정의 직업학교에 갔는데 대략 중학교 과정에 해당했고 대부분의 아이들은 이곳을 졸업한 뒤 바로 직업 세계로 뛰어들었다.

공부를 더 하고 싶으면 직업학교 대신 라틴어학교에 갔고 졸업 후 시험을 쳐서 대학에 입학했다. 하지만 대학에 진학하는 것은 소수에 불과했으며 대부분의 아이들은 아버지의 직업을 따라 가업을 잇는 것이 보통이었다. 미스도 아버지의 작업장에서 벽돌 쌓는 일부터 시작했고, 이에 대해 큰 자부심을 가지고 있었다. 나중에 건축가로 성공하게 된 뒤에도 밤늦게 친한 친구들끼리 둘러앉아 이렇게 말하곤 했다.

"아버지가 일하던 채석장에는 멋진 대리석과 많은 돌이 널려 있었지. 돌에 관해서는 아버지에게 충분히 교육받았어."

"벽돌 쌓기는 정말 대단하지, 건축 그 자체인 셈이니까. 책상 위에서 끼적거리는 건축 따위가 아니란 말이지."

미스는 건축을 학교에서 책으로 배운 것이 아니라 현장에서 체험으로 배웠다. 13~15세까지 다녔던 3년간의 직업학교는 그가 받은 정규 교육의 전부였고, 이후에는 설계사무소에 들어가 제도사로 일을 시작했다. 그리고 19세가 되었을 때 소도시 아헨을 떠나 베를린으로 와서 페터 베렌스, 헨드릭 베를라허 등 유명 건축가 밑에서 경험을 쌓고 있을 무렵 엄청난 일을 겪게 된다. 유럽 전역을 뒤흔들었던 전쟁, 제1차 세계대전 발발이었다.

전쟁처럼 충격적인 건물

제1차 세계대전이 유럽 전역을 휩쓸었을 때 미스도 군대에 입대했고 주로 다리를 놓고 도로를 건설하는 공병으로 복무했다. 19세 청년이 겪은 전쟁과 군 복무의 경험이 어떠했는지, 그리고 이것이 그의 가치관을 어떻게 변화시켰는지는 구체적으로 알려져 있지 않다. 다만 전쟁이 끝나고 다시 설계사무소로 복귀했을 때 그의 작품은 이전과는 무척 달라져 있었다.

그전까지 미스는 주택 설계를 주로 했는데 독일의 전통가옥 형태가 많았고, 이렇다 할 큰 특징도 없었다. 당연한 일이기도 하다. 건축가는 "우리 집을 지어 주세요"라고 의뢰하는 손님, 즉 건축주가 있어야 일할 수 있다. 건축가는 건축주의 요구에 따라 설계를 해야 하는데, 건축주는 대개 평범하고 보수적인 형태를 요구하는 경우가 많다. 지나치게 새롭고 혁신적인 집에서 그 자신이 '실험용 쥐'가 되는 것을 원하지 않기 때문이다.

물론 유명한 건축가라면 그의 명성을 믿고 전적으로 설계를 맡기는 건축주도 있겠지만, 20대 애송이 건축가에게 그런 행운은 좀처럼 찾아오지 않는다. 설상가상으로 독일은 제1차 세계대전의 패전국이었기 때문에 전쟁배상금을 갚느라 온 나라가 심한 불경기를 겪고 있었다. 일거리를 구하기는 하늘의 별따기처럼 어려웠지만 미스는 좌절하지 않고 몇 가지 건축 설계 계획안을 발표했다.

그중에 하나가 1919년 베를린 프리드리히 거리에 짓는 빌딩의 현상설계에 출품한 20층짜리 마천루빌딩 계획안이었다. 빌딩은 수직으로 곧게 뻗은 모습에, 외벽은 깨끗하게 유리로만 덮여 있었다. 지금까지 그런 건축은 존재하지 않았다. 19세기까지 건축은 석재나 벽돌로 웅장하게 뼈대를 짜고 그 위에 석재로 우아한 장식을 가하는 것이 일반적이었다. 이때 어떤 방식으로 장식하느냐에 따라 르네상스·바로크·로코코 등과 같은 예술사조의 이름을 붙였다. 이것이 유럽에서 건축을 예술의 한 분야로 인식했던 이유이기도 한데, 미스는 이러한 틀을 과감하게 탈피하고 아무 장식 없이 유리와 철골로만 이루어진 20층짜리 건물을 디자인한 것이다.

사무용 빌딩이었는데 건물 안에는 엘리베이터, 화장실, 비상계단을 모아 놓은 중심 공간이 한가운데 있을 뿐 그 외에 내부 칸막이벽이 전혀 없었다. 이듬해인 1920년에는 30층짜리 글라스타워 계획안도 발표했는데 이것도 비슷했다. 철골로 이루어진

🔨 **지식 더하기**   ⊗ ⊖ ⊗

현상설계
건물을 짓기 위해 실시하는 설계안 공모전이다. 처음부터 유명한 건축가에게 맡기는 대신 좀더 많은 건축가에게 기회를 주고 다양한 아이디어를 얻을 수 있다.

미스반데어로에

미스가 발표한 마천루빌딩 계획안
20층 건물이 유리와 철골로만 이루어졌다.

뼈대에 유리를 덮고 내부에는 꼭 필요한 시설만 배치한 중심 공간이 있을 뿐이다.

내부에 아무런 칸막이벽 없이 완전히 열린 공간, 미스가 이것을 제안한 이유는 무한한 확장성과 가변성을 염두에 두었기 때문이다. 내부에 칸막이벽을 만들면 나중에 그것을 없애거나 변경하기 어렵다. 대신 열린 공간으로 계획한 다음 파티션이라 불리는 가림막으로 필요에 따라 공간을 나누어 사용하게 하는 방식이다.

미스가 이런 혁신적인 계획안을 발표한 것은 제1차 세계대전이 끝난 직후인 1919~1920년 무렵이었다. 전쟁은 세상을 크게 바꾸어 놓았다. 청년기에 큰 전쟁을 경험한 미스는 세상은 빠르게 변하고 있기 때문에 앞으로 어떻게 될지 아무도 예측할 수 없다는 생각을 갖게 되었다. 그렇다면 건축도 미래의 변화에 대처할 수 있는 유연성을 최대한 확보해야 한다고 본 것이다. 이것이 바로 마천루빌딩과 글라스타워였다. 당시 미스가 이 빌딩의 콘셉트로 내세운 것은 "간결할수록 더 많은 것을 담을 수 있다 Less is More"였다.

그런데 여기서 또 한 가지 의문이 생긴다. 이 건물은 왜 계획안으로 발표된 것일까? 지을 것도 아닌 건물의 설계도면을 왜 그리는 것일까? 사실 건축가는 실제로 지어지는 건물의 설계 안

외에 계획안 발표도 많이 한다. 화가가 그림을 그리는 이유는 자신의 생각을 표현하기 위해서이고, 시인이 시를 쓰는 이유도 마찬가지다. 그렇다면 건축가가 자신의 생각을 표현하기 위해서는 실제로 건물을 지어야 하는데, 건축은 돈이 너무 많이 들기 때문이다.

그렇다고 건축주가 요구하는 대로만 설계한다면 평생 자신의 생각이나 아이디어를 드러내지 못할 수도 있다. 그래서 대안으로 계획안을 발표하는 것이다. 종이 위에 설계도면과 투시도를 그리고, 축소모형을 만들어 발표하면 그다지 큰돈을 들이지 않고 자신의 아이디어를 표현할 수 있다. 그 계획안이 정말 멋지고 참신하다면 누군가 돈 많은 건축주가 나타나 그대로 지어 달라고 할 수도 있다. 미스도 1919~1920년 즈음에는 주로 계획안을 발표하는 것으로 점차 이름을 알렸고 1921년부터는 '미스 반 데어로에'라는 예명을 사용하기 시작했다.

건물보다 유명한 의자

미스는 1920년대부터 유명세를 타기 시작했고, 1929년 스페인 바르셀로나에서 만국박람회가 열릴 때 독일관 설계자로 선정되었다. 이는 건축주의 세세한 요구 조건을 따라야 하는 주택설계와는 달리 자신의 자유로운 생각을 드러낼 수 있다는 점에서 무척 좋은 기회였다.

　이때 탄생한 작품이 '바르셀로나 파빌리온'이다. 건물 맨 아래는 하얀 대리석으로 층을 만들고 벽은 검은색 대리석으로, 지붕은 콘크리트를 얇게 만든 슬래브로 이루어진 간단한 구성이었다. 내부는 더욱 간단해서 반짝반짝 빛나는 금속기둥 여덟 개가 있고, 우아한 검은색 대리석이 최소한의 공간 구획을 하고 있었다. 파빌리온 바로 옆에는 거울같이 잔잔한 수면을 가진 수조와 함께 조각상이 하나 놓여 있었다.

　내부에 아무런 칸막이벽을 두지 않는 아이디어가 여기서도 또 한번 반복되었다. 용도는 전시관이었지만 사람에 따라서 주택이나 상점 또는 작업실이나 유치원, 학원 등으로 얼마든지 자유롭게 사용할 수 있었다. 미스는 이 공간을 '유니버설 스페이스 Universal Space'라 이름 붙였는데, 용도가 정해져 있지 않기 때문에 여러 가지로 응용 가능한 공간이라는 뜻이다.

　바르셀로나 파빌리온에서 장식은 내부 구획에 사용된 검은

🔨 지식 더하기 ⊗ ⊖ ◉

파빌리온
별관 전시관이나 임시 공연장처럼 여러 목적을 지니고 짧은 기간 동안 설치되는 가건물이다. 구조와 기능에서 자유롭기 때문에 설계자도 독창성을 발휘할 수 있다.

바르셀로나 의자 미스는 가구에 있어서도 남다른 감각을 뽐냈다.

색 대리석뿐이다. 그는 물결치듯 아름다운 대리석 무늬를 찾기 위해 몇 번이나 돌을 깨뜨렸고 그중에서 가장 아름다운 것을 골랐다. 석공의 아들로 태어나 어린 시절부터 현장에서 돌을 만지며 긴축을 배웠던 그의 면모를 알 수 있다.

그리고 또 하나 유명해진 것은 전시관에 놓였던 의자다. 개최국인 스페인의 국왕과 왕비를 위해 특별히 디자인한 것인데, 검은색 가죽 시트에 은색 금속으로 만들어진 다리를 X자로 교차시켰다. 바르셀로나 파빌리온은 박람회가 끝나고 난 뒤 곧 해체되었지만 의자는 지금도 여전히 '바르셀로나 의자'라는 이름으로 동일한 디자인 복제품이 팔리고 있다.

바르셀로나 파빌리온은 미스의 독특한 아이디어를 드러낸 작품이다. 모든 예술가가 그러하듯 건축가가 발표하는 아이디어는 시대를 조금 앞서 있기 때문에 일반인이 보기에는 생소할 수 있다. 하지만 시간이 지나면 이상하고 낯설던 것도 점차 익숙해지고, 언젠가는 실제로 지어지기도 한다.

바르셀로나 파빌리온으로 이름을 알리기는 했지만, 그즈음 미스는 복잡한 일을 겪어야 했다. 그가 학장으로 있던 바우하우스가 나치의 탄압으로 폐쇄된 것이다. 미스는 하루아침에 실직자가 되었다. 독일에서는 전혀 일을 구할 수가 없었기에 대서양 건너 미국으로 눈길을 돌렸고, 다행히 미국 아머 공과 대학의 학장으로 취직할 수 있었다. 이후 아머 공과 대학은 1940년 시카고 남쪽에 새로운 캠퍼스를 짓고 일리노이 공과 대학으로 성장했다.

내가 디자인한 가구만 써야 해!

미스는 일리노이 공과 대학의 종합 계획을 세웠고, 우선 필요한 건물 열두 개를 설계했다. 그러면서 새로운 연인도 생겼다. 당시 미스는 스물일곱 살에 결혼해 세 딸이 있었지만, 7년 만에 이혼한 뒤 독신으로 지내고 있었다. 그러던 중 1945년 시카고에서 에디스 판스워스라는 의사를 만나게 된다. 본래 이탈리아에서 음악을 공부했지만 의과 대학에 다시 입학해 의사가 된 시카고 명문가의 여성이었다. 40대의 나이로 아직 미혼이었던 그녀는 주말별장을 짓고 싶어 했고 이 일을 미스에게 의뢰하면서 둘 사이는 점차 연인 관계로 발전했다.

판스워스는 미스를 전적으로 신뢰하고 있었으니 이러저러한 요구 조건 없이 그에게 모든 설계를 일임했다. 미스는 시카고에서 75킬로미터 정도 떨어진 폭스 강변에 있는 3만 9,000제곱미터의 넓은 땅에 자신만의 취향을 그대로 구현한 집을 지었다. 20여 년 전의 바르셀로나 파빌리온을 재현한 것이라고 할 수 있다.

집은 가로세로 9×23미터 크기의 바닥판 3개를 철골기둥 8개가 지탱하는 구조였다. 내부의 중심에는 주방, 화장실, 벽난로가 한데 모여 있고, 침실이나 거실을 구분하는 칸막이벽이 없었다. 또한 외벽도 사방이 모두 투명한 유리로 되어 있었다. 하나의 거대한 유리상자라고도 할 수 있는데, 독신 여성이 혼자 사는 집이자 일주일에 하루 이틀만 사용하는 주말별장이었기 때문에 가능한 디자인이었다.

이미 바르셀로나 파빌리온에서 제시되었던 아이디어를 다시 재현한 집이고 땅도 넓고, 경제적 여건도 넉넉했지만 집을 짓는 데는 상당히 오랜 시간이 걸렸다. 설계는 1946년에 끝났지만 공사는 1949년에 시작되어 1951년에서야 완공되었다. 이렇게 긴 시간이 흐르는 동안 미스와 판스워스의 관계는 점차 서먹해지면서 다툼도 잦아졌다. 설계와 공사 기간이 늘어나면서 전체 비용이 증가했기 때문이다.

또한 이런 집은 실제 생활하는 데도 불편했다. 내부에 칸막이벽이 없는 것은 그렇다고 해도 거기 놓이는 모든 가구는 미스가 직접 디자인한 것만 사용해야 했다. 또한 외벽이 온통 유리로만 되어 있었으니 그곳에 사는 사람은 어항 속 물고기와 같았다. 미스는 필요에 따라 커튼을 치라고 자신이 직접 고른 흰색 커튼을 사용할 것을 권했지만 판스워스는 그것을 싫어했다.

1951년 마침내 판스워스는 미스를 고소했다. 설계가 진행되던 1946~1949년의 기간 동안 두 사람은 행복했지만 막상 집

판스워스 하우스 미스와 판스워스는 이 집을 설계하면서 연인이 되었고, 집이 완성되자 헤어졌다.

이 다 지어지자 건축주가 건축가를 고소하는 일이 벌어진 것이다. 표면적인 이유는 과도한 공사비 초과였지만 내면적으로는 또 어떤 감정의 골이 있었는지도 모른다. 법정 다툼은 3년이나 계속되었고, 이 소송에서 결국 미스가 이겨 보상금을 받았지만 두 사람은 모두 지쳤다. 미스와 결별한 후에도 판스워스는 그 집에서 20년을 더 살았지만 불편함을 견딜 수 없었던 그녀는 1972년 결국 집을 내놓았고 현재는 **내셔널 트러스트**가 매입해 관람객에게 공개하고 있다.

빌딩 숲 사이의 오아시스

미스는 30~40대 청년 시절을 독일에서 보냈지만 50대 이후 미국에서 더 왕성한 활동을 했다. 1950~1960년대 미국은 호황기를 맞이하고 있었고 특히 뉴욕이 성장하면서 맨해튼에 고층 건물이 속속 들어서고 있었다. 그리고 이곳에 주류회사인 '시그램'이 창립 100주년 기념 사옥을 짓기로 하고 미스에게 설계를 맡겼다. 사옥은 그 회사의 이미지를 결정하는 살아 있는 광고판이다. 시그램사 역시 설계를 맡기면서 창의적인 아이디어

미스반데어로에

로 가장 멋진 건물을 지어 달라고 했다. 미스에게는 정말 좋은
기회였다.

그렇게 해서 1958년 지어진 건물이 뉴욕 최고 중심가에 자
리 잡은 '시그램빌딩'이다. 검은색 철골조에 짙은 회색 유리로 뒤
덮인 38층 건물로서 깔끔하고 단정한 모습이 마치 검은색 정장
을 차려입은 회사원을 연상시킨다. 미스가 40년 전에 발표했던
마천루빌딩과 글라스타워가 실제로 구현된 것이라 할 수 있는데,
시간이 흐르면서 좀더 세련된 형태로 다듬어졌다. 특히 시그램
빌딩은 건물 앞에 널찍한 광장을 조성해 시민에게 휴식공간으
로 할애하고, 건물은 뒤로 물러나 있다.

뉴욕의 비싼 땅값을 생각하면 이것은 건축주의 큰 결단이
필요한 일이다. 하지만 미스는 회사의 이미지를 바꿀 정도의 기
발한 아이디어를 냈고, 시그램사도 이를 받아들였다. 빌딩 앞
은 화강암으로 덮인 광장으로 만들었고 양옆으로 두 개의 분
수를 두어 빌딩 숲 사이에 오아시스를 마련했다. 건물 1층은 로

시그램빌딩 오늘날 오피스빌딩의 기본 모델이 되었다.

미스반데어로에

비, 2층부터 38층까지는 사무실인데 엘리베이터, 계단, 화장실로 이루어진 중심 구역 외에 아무런 공간 구획이 없다. 층마다 필요에 따라 자유롭게 파티션을 사용하면 된다. 38층이나 되는 건물이기 때문에 시그램사에서 전부 사용하지는 않고 일부는 임대를 주는데, 임대인이 사무실을 어떻게 사용할지는 상황에 따라 다르기 때문이다.

하지만 미스는 완공식에 참석할 수 없었다. 어느덧 70대 노인이 되어 건강이 점점 나빠졌기 때문이다. 관절염이 심해져 휠체어를 타야 하는 상황이었지만 일은 꾸준히 계속했다. 시그램빌딩은 금세 유명해졌고, 오늘날 전 세계 대도시에는 이와 비슷한 빌딩이 많이 지어지고 있다. 도심 오피스빌딩의 전형적인 형태가 된 것이다. 우리나라에도 1969년에 지어진 삼일빌딩을 시작으로 종로와 여의도, 강남대로 등에는 이와 비슷한 형태의 빌딩이 들어서 있다. 건물 앞에는 시민을 위한 광장을 형성하고, 건물 1층은 로비, 2층부터 사무실을 두는 방식도 비슷하다. 특히 건물 내부에는 칸막이벽이 없어 입주자들이 얼마든지 변형해 사용할 수 있는 방식도 바로 미스의 '유니버설 스페이스' 개념에서 유래한다.

미스는 1959년 영국 엘리자베스 2세가 직접 수여하는 '왕실 금장 훈장(건축 부문)'을 비롯해 모국인 독일과 미국에서 수여하는 각종 훈장을 받았고 7개 대학에서 그에게 명예박사학위를 주었다. 하지만 그가 받은 정규교육은 3년 과정의 직업학교가 전부였다.

> "저는 전통적인 건축 교육을 받지 못했습니다. 다만 훌륭한 건축가 몇 명에게 일을 배웠고, 책을 몇 권 읽었을 뿐입니다. 그것이 전부입니다."

평생을 과묵하게 살았던 그가 여든 살이 되어 어느 연설 자리에서 했던 말이다. 그리고 얼마 뒤인 1969년 8월 사망했다. 미스는 19세기 말 석공의 아들로 태어나 어린 시절부터 아버지를 따라다니며 현장에서 일을 배웠다. 19세기까지 유럽의 건축은 석재를 다듬어 짓는 석조건축이 주류를 이루었지만, 그는 석재와 결별하고 철과 유리의 시대를 열었다.

미스는 자신의 시대와 결별하고 새로운 시대를 열었다는 점에서 '근대건축의 거장'이라 불린다. 대학에서 건축을 공부하지 않았지만 건축사무소에서 도면 그리는 것부터 시작해 하나하나 경험을 쌓으며 배워 나갔다. 청소년기 그를 성장시킨 것은 여행과 독서, 그리고 체험이었다.

나치와 모더니즘

#모더니즘 #나치 #사회주의

나치가 바우하우스를 폐쇄했던 이유를 알기 위해서는 당시의 시대상을 살펴보아야 한다. 1920~1930년대 유럽의 정세는 매우 혼란스러웠다. 1905년과 1917년 러시아에서 혁명이 일어나 왕정이 붕괴되고 사회주의 정권이 들어섰다. 1914~1918년까지는 제1차 세계대전이 있었고, 한편으로 문화예술계에서는 모더니즘이라는 새로운 사조가 등장했다.

모더니즘은 국제주의 양식이었고 진보적 성격의 좌파와도 연결되어 있었는데, 진보적 성격이 너무 강해지면 자칫 사회주의 혁명으로 치달을 가능성도 있었다. 그러자 이에 대한 반작용으로 보수적 극우파도 등장했다. 바로 독일의 나치즘과 이탈리아의 파시즘이다. 즉 모더니즘이 국제주의 진보 좌파였다면, 나치즘은 국수주의 보수 우파였다. 둘은 서로 양립할 수 없는 관계였다. 특히 히틀러는 독일에서 러시아와 같은 사회주의 혁명이 일어나지나 않을까 우려하고 있었다.

그런데 건축학교인 바우하우스에서는 모더니즘을 표방한 국제주의 양식을 가르쳤고 특히 미술교사였던 클레와 칸딘스키는 러시아 구성주의자이기도 했다. 러시아 구성주의는 본래 미술사조였지만 이후 러시아 혁명을

파시즘 대표 무솔리니(왼쪽)와 나치즘 대표 히틀러(오른쪽)

지지하는 방향으로 돌아섰다. 클레와 칸딘스키는 정치와는 아무 상관없는 미술가들이었지만, 나치의 시각에서 보면 바우하우스는 러시아 구성주의자들을 교사로 불러 학생들에게 사회주의 사상을 가르치는 학교로 보였을 것이다. 바로 이러한 이유 때문에 바우하우스는 나치에게 탄압받다가 결국 폐쇄되었다. 국제주의와 국수주의, 진보와 보수의 대립 등 당시 유럽의 복잡했던 상황으로 인해 뛰어난 건축학교 바우하우스는 결국 역사의 저편으로 사라진 것이다.

3

자유롭게

1929~

춤추고 싶어

 댄싱하우스

프랭크 게리

프랭크 게리

Frank Gehry

나는 물고기가 좋더라♥

프로필		대표 건축물
본명	프랭크 오웬 골드버그	피시 댄스 레스토랑 조형물
출생·사망	1929년~	댄싱하우스
국적	캐나다	빌바오 구겐하임 미술관
특이사항	어린 시절의 상처를 예술로 승화	월트 디즈니 콘서트홀
		파리 루이비통 재단 미술관
		청담동 루이비통

관계성

빅터 그루엔 #쇼핑몰의_아버지 #무조건_퇴자

앤디 워홀 #친구 #자신만의_예술_세계

청담동 루이비통 사장님 #우아한_건물 #땡큐

재미로 보는 인물 그래프

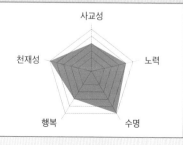

그날도 아버지는 물고기를 사왔다. 멀리 있는 유대인 시장까지 가서 직접 사오신 커다란 잉어였다. 어머니는 화장실 욕조에 물을 받아 가쁜 숨을 몰아쉬는 잉어를 풀어 주었다. 이제껏 좁은 양동이에 갇혀 있던 잉어는 그제야 제 세상을 만난 것처럼 욕조 안을 헤엄치기 시작했다. 잉어는 투명한 비늘을 반짝이며 이리저리 몸을 움직였다. 어쩌면 저리도 유연할까. 어린 소년은 잉어의 움직임이 한없이 신기했다. 하지만 잉어는 하룻밤이 지나면 죽어서 식탁에 오를 것이다. 그것은 금요일 저녁의 만찬을 위해 사온 것이니까.

유대인의 관습에 따르면 안식일인 금요일에는 생선만 먹을 수 있었다. 아버지는 매주 목요일 양동이를 들고 유대인 시장까지 가서 살아 있는 잉어를 사왔고, 어머니는 잉어를 욕조에 두었다가 다음 날 요리로 만들어 저녁 식탁에 올렸다. 독특한 가풍 때문에 언제나 반복되었던 이 일은 친구들 사이에서 놀림거리가 되었다. 소년이 지나가면 친구들은 "물고기를 먹는대요, 물고기를 먹는대요"라면서 따라다녔고, 소년의 별명도 '물고기'였다. 어쩔 수 없는 일이었다. 소년이 사는 동네는 인구의 90퍼센트가 가톨릭 신자였고 소년의 가족은 유대교를 믿었기 때문이다.

그 시절 유럽은 유대인 차별이 심했다.

어린 시절에 받은 상처는 어른이 되어서도 쉽게 치유되지 않는 법이다. 아이는 이후 건축가가 되어 자신이 설계한 건축물에 물고기 디자인을 새기기 시작했다. 욕실 바닥에 물고기 모양의 타일을 붙이는가 하면, 건물 한쪽에 21미터 크기의 대형 물고기 모형을 만들기도 했다. 일본 고베에 위치한 피시 댄스 레스토랑은 생선요리가 많은 일본음식의 특색을 살려 커다란 물고기 모형을 랜드마크(지역을 대표하는 시설물)로 만들었는데, 어린 시절 안식일마다 잉어요리를 먹던 소년의 기억이 반영된 것으로 보인다.

그리고 마침내 소년은 세상에서 가장 아름다운 물고기 한 마리를 건져 올린다. 1937년 스페인 빌바오에 지은 구겐하임 미술관이다. 유연하게 헤엄치는 잉어와 같은 은빛 건물이 강변에 들어섰다. 한마디로 표현할 수 없는 형태는 마치 막 잡아 건져 올린 힘찬 물고기의 움직임을 보는 것 같기도 하다. 그것을 설계한 사람은 '해체주의 건축의 창시자'라고 일컫는 건축계의 이단아 프랭크 게리였다.

반항하는 유대인 소년

게리는 1929년 2월 28일 캐나다 토론토의 폴란드계 유대인

가정에서 태어났다. 가풍에 따라 유대교 학교에 다니며 유대어와 유대문화를 배웠다. 집안이 그리 부유하지는 않았다. 게리의 아버지는 슬롯머신이나 핀볼 게임기와 같은 도박기계를 만드는 직장을 다녔다. 기계를 사기 위해 미국 시카고까지 다녀올 때도 있었는데 그럴 때면 아버지는 어린 게리도 함께 데리고 갔다. 지금의 라스베이거스를 떠올려 보면 금세 알 수 있듯이 도박 기계나 게임기는 겉모양이 화려하고 요란해 오히려 값싸 보이기까지 한다. 사람들의 눈을 사로잡기 위해서다. 20세기에 새로 등장하기 시작한 상업 미술, 즉 **키치 미술**의 하나라 할 수 있는데, 게리의 아버지는 도박장 게임룸에 어울리는 장식대를 만들어 캐나다 국제전시회에 출품해 입상하기도 했다.

한편 외할아버지는 철물점을 했는데 게리는 그곳에서 톱, 망치, 나사못, 함석판(표면에 아연을 칠한 얇은 철판), 베니어판(얇은 나무판을 여러 겹 붙여 만든 널빤지)을 가지고 노는 것을 좋아했다. 돌이나 벽돌, 콘크리트와 달리 함석판이나 철망은 쉽게 구부려

🔨 지식 더하기　　　　　　　　　　　　　　⊗ ⊖ ⊗

키치 미술
누구나 이해할 수 있는 내용을 담고 있으나 미적 수준이 저급한 작품을 말한다. 순수한 고급 미술에 반대되는 의미로 시작된 용어이지만 요즘에는 그 의미가 확장되고 있다.

이리저리 모양을 만들기가 쉽다. 키치 미술과 같은 도박장의 요란한 기계들, 할아버지의 철물점에서 가지고 놀았던 함석판이나 철망 등은 이후 게리의 건축에서 자주 등장하는 주요 모티프가 된다.

아버지를 따라 시카고를 여행하고, 학교에서는 보이스카우트 활동을 하는 등 그의 어린 시절은 그나마 평온했다. 하지만 청소년 시절, 안팎으로 큰 위기가 찾아왔다. 1930년대 유대인에 대한 배척 분위기가 점점 강해지면서 게리는 자신의 정체성에 대해 심각하게 고민하고 마침내 반항하기 시작했다. 유대교 풍습에서 남자아이는 만 13세가 되면 '바르미츠바'라고 하는 성인식을 치르는데 게리는 이를 코미디라며 비웃었다. 고등학생이 되어서는 급기야 신의 존재를 부정하며 무신론에 대한 글을 발표하기도 했다. 엄격한 유대교 집안에서 이런 행동은 아버지를 크게 실망시켰고, 설상가상으로 1940년대 중반 캐나다에서 도박이 전면 금지되면서 아버지의 사업이 큰 타격을 입게 된다.

생계가 막막한 상황에서 가족들은 캐나다를 떠나 미국 남부 캘리포니아로 이주했지만 생활은 여전히 어려웠다. 열여덟 살이 된 게리는 낮에는 트럭 운전사로 일하고 밤에는 L.A 시립대학의 야간학부에 다녔지만 큰 흥미를 느끼지 못했다. 그는 본래 건축가가 되고 싶은 생각이 전혀 없었다. 우연히 엿본 건축학과 강의실은 끝없이 이어지는 공학수업과 반복되는 도면 그리기의 연속이었다. 게리는 미술이 하고 싶었다. 스물한 살이 되어서던 캘리포니아 대학에 다니며 여러 가지 예술강좌를 듣던 어느 날이었다. 도자기 수업 담당 교수님이 게리의 건축적 재능을 알아차리고 건축가 라파엘 소리아노를 소개시켜 주었다.

그전까지 게리는 건축은 사각형 콘크리트 건물이 전부라고 생각했다. 그런데 도자기를 만드는 재료도 흙이고 콘크리트를 만드는 재료도 흙이다. 고운 흙을 녹로 위에서 돌리면 곡선이 만들어진다. 그렇다면 건축도 이렇게 부드러운 곡선으로 만들 수 있지 않을까? 게리는 건축을 전공하기로 마음먹었다. 그리고 하버드의 디자인 대학원에서 도시공학을 더 공부했다. 어린 시절 가난한 유대인 가정에서 자랐던 그는 건축이 인류를 위해 무엇을 할 수 있을까를 고민했다. 힘들고 가난한 사람에게 더 큰 혜택을 주기 위해서는 개별 건물을 짓는 것보다 도시를 디자인하고 정책을 바꾸어야 한다는 생각에 건축과 함께 도시공학을 선택한 것이다.

그즈음 스물다섯이 된 그는 유대인 이름을 버리고 훨씬 부르기 쉽고 친근한 미국식 이름 '프랭크 게리'로 개명했다. 집안의 격렬한 반대를 무릅쓰고 자신의 정체성을 유대인에서 미국인으로 바꾸고자 한 것이다.

빅터 그루엔을 만나다

하버드 대학원을 졸업한 게리는 L.A에 있는 건축가 빅터 그루엔의 사무소에 들어가 실무를 배웠다. 그루엔은 쇼핑몰이라는 건축유형을 탄생시켜 흔히 '쇼핑몰의 아버지'라 불리는 사람이었다. 백화점이 19세기 유럽에서 탄생했다면 쇼핑몰은 1950~1960년대 미국에서 시작됐다. 미국식 쇼핑몰은 도심에서 멀리 떨어진 교외에 넓게 자리 잡고 백화점을 앵커 스토어로 삼아 영화관, 놀이공원, 수영장, 식당가 등 여러 시설이 한데 모여 있다.

그러기 위해 거대한 실내공간을 만들고 내부에는 특정 콘셉트를 잡아 독특한 분위기를 연출한다. 아라비아 사막, 태평양의 해변, 19세기 파리 등 현실과 동떨어진 낭만적이고 이국적인 분위기로 꾸미는 것이다. 상업 공간인 쇼핑몰은 예쁘고 신기하게 꾸며야 사람이 모인다. 그러자면 벌판 위에 그야말로 별천지를 새로 만들다시피 해야 한다.

바로 이런 일을 했던 그루엔은 예술적인 건축가라기보다 상업적인 건축가였다. 값싸고 대중적인 이미지라도 좋으니 되도록 눈길을 끌어 많은 사람이 찾아오게 만드는 것이 상업건축의 핵심이다. 게리는 그루엔 밑에서 2~3년을 근무하며, 건축을 통해 새로운 경관을 형성하고 장소성(장소에 드러나는 특별한 성격)을 창조하는 법을 배운다.

일반적으로 건물은 주변환경과 조화를 이룰 수 있도록 설계하는 것이 원칙이다. 19세기에 지어진 고풍스러운 건물이 들어찬 도시라면 새로 짓는 건물도 그와 비슷한 분위기로 지어야 서로 잘 어울린다. 그러나 게리의 건축은 주변환경과 전혀 조화되지 않는, 오히려 반대되는 모습으로 독특한 경관을 연출한다. 이것은 허허벌판 위에 별천지를 만드는 그루엔의 쇼핑몰 건축에서 영향을 받은 것이다.

1962년 게리는 로스엔젤레스에 자신의 사무소를 개업했지

🔨 지식 더하기 ✕ ⊖ ⊘

앵커 스토어

앵커는 본래 배를 정박할 때 내리는 무거운 닻을 말하는데, 무게중심이라는 뜻이 있다. 쇼핑몰에서는 손님을 많이 끌어들일 수 있는 중심 시설이나 상점을 말한다.

프랭크 게리

만 이렇다 할 특별한 작품을 내지는 못했다. 대신 본래 미술가가 되고 싶었던 꿈을 되살려 조각가 클래스 올덴버그, 팝아트 예술가 앤디 워홀 등과 교류하면서 자신만의 건축 세계를 만들어 갔다. 건축도 예술의 한 분야라고 한다면 화가가 그림을 그리고 사진가가 사진을 찍듯, 건축가도 새로운 건축적 실험을 해야 한다. 게리는 1978년 즈음부터 자신의 집을 새로운 건축적 시도를 위한 실험실로 사용한다.

돈이 많지 않았기 때문에 손쉽게 구할 수 있는 재료이자 어릴 때부터 가지고 놀던 익숙한 재료로 실험을 했다. 함석판, 철망, 베니어판 등으로 창을 이리저리 내어 보고 지붕도 고쳐 보는 등 갖가지 시도를 하면서 많은 시간을 보냈다. 당연히 형태는 뒤죽박죽이었고 가족도 몹시 불편해했다. 하지만 이런 괴상한 형태 덕분에 점점 유명세를 타기 시작했다.

엉망진창에 기괴하기까지 한 그의 집은 "여기 건축가 게리가 살고 있습니다"라고 말하는 살아 있는 광고판이기도 했다. 기존의 형태를 파괴함으로써 눈길을 끄는 건축, 바로 게리의 특징이라 알려진 해체주의 건축의 시작이었다. 점차 유명세를 얻은 게리는 1986년 일본 고베에 있는 레스토랑을 설계하면서 21미터 크기의 키다란 물고기 모양 조형물을 세운다. 물고기가 낚시대 미끼를 물고 요동치는 듯한 모습을 하고 있는 덕에, 식당은 '피시 댄스 레스토랑'으로 사람들의 입에 오르내리기 시작했다.

기능과는 아무 상관없이 무의미한 대형 조형물이어서 조금 우스꽝스러워 보이기도 했지만, 사람들은 그 장소를 쉽게 기억했다. 한 번 보면 절대 잊을 수 없는 곳, 식당 건물로는 제격이었다. 그리고 얼마 뒤인 1992년 게리는 체코에서 온 한 통의 편지를 받는다. 체코의 수도 프라하의 블타바 강변에 새로운 건물을 지어 달라는 의뢰였다.

전쟁에서 평화로

장소를 살펴보기 위해 프라하에 가보니 블타바강 건너에는 유서 깊은 프라하성이 있고 주변에는 18~19세기에 지어진 고풍스럽고 우아한 건물이 많았다. 그런데 1968년 미국과 소련이 전쟁을 하면서 폭탄이 떨어진 후 20년 넘게 폐허로 남아 있었다. 1990년대 들어 전 세계는 화해 분위기로 접어 들었고 체코 역시 공산주의에서 민주주의로 전환되고 있었다. 그래서 이곳에 문화시설을 짓기로 한 것이다. 변화하는 시대상을 담아 내는 것이 과제였다.

게리는 냉전에서 화해로, 공산주의에서 민주주의로, 19세기의 역사도시에서 21세기를 맞이하는 현대도시로 나아가는 체코의 양면성을 나타내기로 했다. 게리가 설계한 건물은 두 개가 한

냉전

무력을 사용하지 않고 경제·외교·정보를 수단으로 하는 국제적 대립을 뜻한다. 특히 제2차 세계대전 이후 소련과 미국의 갈등을 말한다.

쌍을 이루는데, 하나는 전체를 콘크리트로 만든 굳건한 형태이고, 또 하나는 콘크리트 뼈대 위에 유리를 덮은 가냘픈 모습이다.

일그러진 유리 건물을 본 사람들은 예전에 폭탄맞은 건물이 떠오른다고 말했다. 강건한 콘크리트 건물이 쓰러질 듯 위태로운 유리 건물을 지탱하는 모습이 마치 탱고 춤을 추는 한 쌍의 남녀를 보는 것 같기도 했다. 냉전 시대 폭격이 있었던 곳, 그리고 이제 화해를 통해 미래로 나아가는 모습을 모두 담아낸 획기적인 디자인이었다.

무엇보다 놀라운 것은 아슬아슬한 건물의 형태였다. 지금까지 이런 형태의 기둥은 없었다. 기존 건축에서 기둥은 곧게 뻗어야 했고, 바닥판은 정확히 수평을 유지해야 했고, 창문은 반듯한 직사각형이어야 했다. 기울어진 기둥, 비스듬한 창문, 사선으로 된 출입문은 상상할 수도 없었다. 이로 인해 해체주의 건축이라는 새로운 장르가 등장했고, 게리는 '현대건축의 이단아'라는 별명을 얻었다. 해체주의 건축은 기존의 질서정연하고 반듯한 형태의 건축을 모두 해체하고 다시 조합한다는 의미에서 나왔다.

댄싱하우스 이 빌딩 덕분에 체코는 어두운 과거를 딛고
자유로운 예술의 도시가 되었다.

프랭크 게리

인류가 집을 짓기 시작한 이래 변하지 않았던 절대적인 관념을 해체했다는 뜻이다.

건물 1층에는 카페와 상점이 있고, 2~8층까지는 사무실, 맨 위층과 지붕 테라스에는 고급 레스토랑이 있다. 흔히 '댄싱하우스 Dancing House'라고 불리는 이 건물이 완공되고 얼마 되지 않아 게리는 세상을 놀라게 할 또 하나의 건물을 구상했다. 바로 '빌바오 구겐하임 미술관'이었다.

우아하게 반짝이는 물고기들

빌바오는 스페인 북서부 지방에 있는 작은 공업도시였다. 철광석이 풍부한 지역이어서 19세기에 제철과 조선업이 크게 발달했지만, 1970년대 이후 산업이 쇠퇴하면서 도시는 침체에 빠졌다. 공장은 가동을 멈추었고 일자리가 끊기자 인구와 경제 규모도 줄었다. 이에 빌바오시는 기존의 공업도시라는 이미지를 과감히 지우고 새로운 문화도시를 만들기 위해 구겐하임 미술관의 빌바오 분관을 짓기로 한다. 게리는 이번에도 기쁘게 빌바오로 달려갔다. 우중충한 회색빛 도시, 게리는 이곳에 가장 눈에 띄는 형태의 건물을 짓기로 했다. 어릴 적 할아버지의 철물점에서 함석판을 자르고 구부리며 놀았던 것처럼 자유로운 형태를 구상해 나갔다.

도시에 활력을 불어넣기 위해 소재는 금속 중에서 가장 가벼운 티타늄으로 정하고, 반짝반짝 빛나는 은색으로 디자인했다. 그전까지 건축재료로 사용한 금속은 주로 강철이나 주철이었다. 철은 색깔도 어둡고 무거운 느낌이지만 티타늄은 밝고 경쾌했다. 건물은 설계에서 완공까지 6~7년이 걸렸고 1997년 네르비온 강가에 구겐하임 미술관이 모습을 드러냈을 때 빌바오뿐만 아니라 전 세계가 깜짝 놀랐다. 마치 알루미늄 포일을 구겨 놓은 듯한 거대한 건물, 아니 괴물이 웅크리고 있었기 때문이다.

건물은 대개 사각형이거나 원통형, 피라미드형 등 구체적 형태가 있기 마련이다. 하지만 이 건물은 한마디로 정의할 수 없는 독특한 모습이었다. 지금까지 아무도 시도한 적 없는 디자인으로 건물은 크게 유명세를 탔다. 미술관에 전시된 내용물보다 건축물 자체를 보기 위해 전 세계에서 관람객이 몰려들었고, 쇠퇴한 지방도시는 특별한 문화도시이자 관광도시로 거듭났다. 본래 빌바오의 인구는 30만 명 남짓이었는데 미술관이 개관하고 난 뒤 10년 동안 무려 1,000만 명의 관광객이 방문했다. 경제학이나 사회학에서는 '빌바오 효과'라는 신조어가 만들어졌다. 하나의 건축물이 경제적 이득을 불러와 도시를 부흥시키는 현상을 말한다.

빌바오 구겐하임 미술관은 두 가지 면에서 의의가 있는데,

빌바오 구겐하임 미술관 힘차게 꿈틀거리는 물고기 같은 이 미술관에 연간 100만 명의 관광객이 방문하고 있다.

자유롭게 춤추고 싶어

하나는 기존에 존재하지 않았던 전혀 새로운 형태의 건물을 만들어 냈다는 점이다. 또 하나는 건물이 주변환경과 조화를 이루는 것이 아닌, 몹시 낯설고 튀는 모습으로 주변의 장소성을 변화시켰다는 점이다. 게리가 이런 해체주의 건축을 하게 된 데는 어린 시절의 경험도 한몫했다. 유대인이라는 이유로 무리에 어울리지 못하고 따돌림받던 아이는 건축물은 주변과 어울리게 지어야 한다는 기존의 관념을 깨고 혼자만 튀어 보이는 건물, 그래서 더 주목받는 독특한 건물이라는 아이디어를 만들었다.

어린 시절 아버지는 도박기계를 사오는 일을 했고, 청년 시절 그가 처음 일을 배웠던 그루엔의 사무소에서는 눈에 띄는 독특한 쇼핑몰을 지었다. 도박기계와 쇼핑몰은 사람의 눈길을 끌기 위해 요란스럽게 디자인된다. 그 영향을 받아서인지 게리의 건축은 무척 도발적이다. 특히 가장 즐겨 사용하는 소재는 함석, 철 등의 금속인데 이는 어린 시절 외할아버지의 철물점에서 놀던 기억에 기반한다. 티타늄이라는 새로운 소재로 만든 빌바오 구겐하임 미술관은 우중충한 19세기의 공업도시에서 혼자 반짝인다. 특히 비가 오고 난 뒤에는 물기에 젖은 티타늄이 물고기 비늘처럼 반짝인다. 마치 네르비온강에서 갓 잡아 올린 잉어의 힘찬 약동을 보는 것 같다.

어린 시절 따라다니던 '물고기'라는 별명은 이후 그의 건축에서 가장 중요한 소재가 되었다. 추상화된 물고기는 온몸이 티타늄으로 반짝였다. 빌바오 구겐하임 미술관을 설계한 후 그의 행보는 더욱 거침없었다. 미국 월트 디즈니 콘서트홀(로스앤젤레스, 2003년), 프랑스 루이비통 재단(파리, 2004년) 등은 그의 상징이라고 할 수 있는 은색 티타늄 건축의 대표작이다.

또한 게리는 한국과도 인연이 있어서 1990년대 말 삼성그룹이 현대미술관 설계를 의뢰하기도 했다. 실제로 지어졌다면 서울의 새로운 명소가 되었겠지만, 1997년 말 외환위기를 겪으면서 계획이 무산되고 말았다. 이제 그는 아흔이 넘었지만 여전히 왕성한 활동 중이며, 최근에는 서울 청담동에 루이비통 매장을 설계했다. 18세기 조선의 수원화성과 동래학춤을 추는 선비의 우아한 도포자락에서 영감을 받아 디자인했다고 한다. 게리 특유의 해체주의 디자인과 한국의 전통문화가 절묘하게 조화를 이룬 건물이다.

청담동 루이비통 이 건물은 게리의 설계로 지어진 한국 최초의 건축물이다.

프랭크 게리

유대인 차별과 대학살

#유대인 #민족주의 #제2차 세계대전

유대인 배척의 역사는 기원후 70년경 로마제국이 이스라엘에 살던 유대인들을 추방한 것에서 시작되었다. 땅을 빼앗긴 유대인들은 유럽 각지에서 흩어져 살다가 1948년에 비로소 이스라엘을 재건국하게 되었다. 2,000년에 가까운 세월 동안 자신들의 정체성을 잊지 않고 옛 땅을 되찾은 것이다. 물론 그러기까지 수많은 박해와 멸시를 받아야 했다.

유럽에서 유대인을 차별하고 배척했던 이유는 대략 두 가지로 나누어 볼 수 있다. 첫째, 종교적 이유다. 유럽은 기독교(천주교·개신교)가 절대다수를 차지하는데 유대인들은 자신들의 민족 종교인 유대교를 믿었다. 서양 역사에서 기독교·유대교·이슬람교는 모두 같은 신을 믿고 있지만 서로 갈라져 반목했다. 유대인들은 오랫동안 정체성을 지키며 유럽 사회에 동화되지 않았는데, 다른 사람들이 보기에 이것은 자신들만이 신에게 선택받았다는 유대인의 지나친 선민의식으로 보였다.

둘째, 유대인은 주로 상업이나 고리대금업에 종사했다. 중세까지 유럽에서는 전체 인구의 90퍼센트가 농업에 종사하고 있었다. 봉건제도 아래서 대부분은 농노로 생활한 농민의 입장에서 보면 농업은 매우 고되고 힘든

나치가 만든 수용소에 갇힌 유대인

일이었으니 자신들과 다르게 유대인은 상업이나 고리대금업을 통해 쉽게
돈을 버는 것처럼 느껴졌을 것이다. 그렇게 부를 축적한 유대인들은 교육
을 많이 받고 사회에서 요직을 차지했다. 이는 결국 유대인에 대한 차별과
배제의 역사로 이어졌고 제2차 세계대전 당시 나치는 600만 명 이상의 유
대인을 학살했다.

4

가장 오래

가장 튼튼하게

1937~ | 퐁피두센터

렌초 피아노

렌초 피아노

Renzo Piano

지진도
나를 막을 수 없어.

프로필		대표 건축물
본명	렌초 피아노	퐁피두센터
출생·사망	1937년~	간사이 국제공항
국적	이탈리아	광화문 KT 사옥
특이사항	건축과 첨단기술의 환상적 만남	뉴욕 타임스 빌딩

관계성

콜럼버스 #제노바 #고향_사람 #잔혹한_정복자

장 프루베 #아름다움_그게_다가_아니야

조르주 퐁피두 대통령 #파리_뉴욕에_질 수_없다

재미로 보는 인물 그래프

1995년 1월 16일, 날이 조금 춥긴 했지만 평온한 저녁이었다. 일본 고베의 시민들은 퇴근 후 저녁을 먹으며 TV 앞에서 시간을 보내고 있던 참이었다. 6시 26분경 약한 진동이 느껴졌다. 식탁 위에 놓인 그릇이 흔들리고 물컵이 넘어지는 통에 방석 위의 고양이가 놀라서 달아났지만 사람들은 그다지 당황하지 않았다. 일본에서 이 정도 지진은 자주 있는 일이어서 침착하게 뉴스를 주시하며 기다렸다.

이윽고 정규방송이 중단되고 고베와 오사카 지역에서 미약한 지진이 있었다는 속보가 나오기 시작했다. 진도가 크지 않았기에 이렇다 할 피해도 없었다. 속보가 나오는 중에도 두 차례의 지진이 더 있었지만, 흔들림은 훨씬 덜했다. 진동을 느끼지 못하는 사람도 많았다. 그저 앞선 지진의 여진이려니 생각하고 잠자리에 들었다. 하지만 그것은 여진이 아닌 전진, 다시 말해 다섯 시간 후에 있을 대지진의 전조증상이었다.

다음 날 오전 5시 46분 고베와 아와지섬 일대에 진도 7.2 규모의 강진이 20여 초 동안 지속되었다. 1948년 일본 기상청이 계측을 시작한 이래 가장 큰 지진이었다. 잠자리에 있던 사람들은 누군가 양 어깨를 흔들어 깨우는 듯한 느낌에 허둥지둥 일어났지만 똑바로 서 있기 어려울 지경이었다. 책장이 무너져 책이 쏟아지고 무거운 옷장이 쓰러져 갓난아이와 노부모님이 깔리는 사고가 발생하기도 했다. 단층의 목조건물이던 주택은 기둥이 그대로 드러났고 콘크리트 건물도 쓰러져 철근이 나무뿌리처럼 드러났다.

거리의 상황은 더욱 참혹했다. 도로가 갑자기 끊어지면서 자동차는 고립되었고, 고가도로가 무너져 트럭과 자동차가 깔렸다. 철도 레일이 휘어 기차가 탈선했고, 도시는 그야말로 아수라장이었다. 잠옷 바람에 거리로 뛰쳐나온 사람들은 가족을 찾느라 정신이 없었지만, 이미 전화마저도 불통이었다. 6,300여 명이 사망한 고베 대지진(한신·아와지 대지진)의 참상이었다.

고베·오사카와 가까운 곳에는 '간사이 국제공항'이 있었다. 공항은 대지진이 일어나기 4개월 전인 1994년 9월에 완공되었다. 바다 위에 인공섬을 조성해 지은 공항이었다. 설계 단계에서부터 안전에 대한 우려가 컸지만 대지진 속에서도 붕괴나 침몰은커녕 유리창 하나 깨지지 않고 무사했다. 이 일로 간사이 국제공항은 2001년 미국 토목공학회가 선정한 '토목공학 세계의 기념비상'을 수상하게 된다. 공항 설계자는 바로 렌초 피아노였다.

온 세상이 즐거운 놀이터

피아노는 1937년 9월 14일 이탈리아의 가장 큰 항구도시 제노바에서 태어났다. 르네상스 시대부터 동방무역의 거점지였던 제노바는 그 당시 지어진 집들이 아직도 남아 있을 정도로 우아하고 고풍스러운 도시였다. 이탈리아에서는 주로 석재를 이용해 집을 지었고, 외부에는 섬세하게 세공한 돌 장식을 붙이곤 했다. 돌을 다듬는 석공이 곧 집을 짓는 건축가였다.

피아노는 바로 이러한 집안에서 태어났다. 할아버지는 석공이었고 아버지와 삼촌 셋도 모두 집을 짓는 건축가였다. 아버지가 조그만 건축회사를 운영하고 있던 터라 피아노는 어린 시절을 평온하게 보낼 수 있었다. 자신도 나중에는 가업을 이어받아 건설업을 하게 될 것이라고 생각했기에 진로에 대한 큰 고민은 없었다.

어린 피아노는 항구에서 바다를 보며 노는 것을 좋아했다. 무역항으로 유명한 제노바 항구에는 온종일 정말 많은 배가 오갔다. 집채보다 더 큰 배가 산더미 같은 짐을 싣고서 물 위에 떠 있었다. 그가 어린 시절을 보냈을 1940년대는 아직 비행기가 상용화되기 전이어서, 여객과 물류의 운송은 주로 선박이 담당했다. 제노바는 배를 만드는 조선업으로도 유명한 곳이었다. 자동차나 마차는 물론 하늘을 나는 비행기까지도 땅 위에서 만들지만 배는 바다 위에서 만든다. 배 하나를 만들자면 그 주변에 임시로 나무계단을 설치하고 튼튼한 캔버스 천으로 덮어 놓고 일을 하기 때문에 마치 천막을 친 것과 같았다. 푸른 바다 위에 떠 있는 배, 배를 만들기 위해 감싸고 있는 커다란 천막, 그 모든 것은 바람이 불 때마다 가볍고 부드럽게 흔들렸다. 하지만 그저 둥실거리기만 할 뿐 결코 무너지거나 가라앉지 않았다. 피아노는 그 모습이 무척이나 신기해 하염없이 바라보았다.

세상에 대한 호기심으로 가득 찬 어린 소년에게는 아버지의 회사조차 즐거운 놀이터였다. 그곳에 가면 집을 짓기 전에 미리 만드는 건축모형이 있었다. 장난감 집과도 같은 모형들이 테이블 위에서 마을을 이루고 있었고, 사무실 한구석에서 아버지는 또 다른 집을 짓고 있었다.

> "사람은 7~9세 때 보았던 것을 평생 기억하는 법이다.
> 나는 그 시절 아버지가 모형을 만드는 것을 직접 보고 배웠다.
> 내게 모형 만드는 법을 가르쳐 주신 분은 아버지, 프랑코 알비니
> 선생님 그리고 장 프루베 선생님이었다."

어느새 10대 청소년이 된 피아노는 아버지의 사무실 한쪽에서 모형을 만들고 있었다. 7~8년 정도 아버지의 건축 일을 돕

다가 스물다섯 살이 되었을 때 본격적으로 건축을 공부하기 위해 밀라노 공과 대학에 입학했다. 하지만 제대로 공부를 할 수는 없었다. 1960년대 유럽은 학생운동이 크게 일어나던 시절이었다. 학생들은 자주 학교를 점령하고 농성을 했고, 수업은 휴강되기 일쑤였다. 대신 그는 건축가인 프랑코 알비니의 사무실에서 제도사로 일하면서 많은 것을 배웠다. 졸업 후에는 파리에 있는 예술직업학교에서 좀더 공부했다. 그곳에서 장 프루베 선생님을 만나게 되었다.

> "나는 아직도 그 수업시간을 기억한다. 선생님은 종이를 한 장씩 나누어 주시고는 다리를 하나 만들어 보라고 하셨다. 종이를 접거나 구부리거나 오려 붙여서 자유로운 모양으로 만들게 하셨다. 그다음 날 우리가 각자 만든 다리를 가지고 학교에 갔더니 선생님은 그 다리 위에 연필을 한 자루 올려 놓으셨다. 그때 다리가 기울어지거나 무너진 아이는 다음 날까지 새로운 다리를 만들어 가야 했다. 건축은 단순히 형태만 아름다워서 되는 것이 아닌, 공학과 기술이 뒷받침되어야 한다는 것을 깨닫는 순간이었다."

종이 한 장으로 만든 다리가 연필의 무게를 견딘 것처럼, 이후 그가 인공지반 위에 지은 공항은 진도 7.2의 지진을 이겨냈다.

문화를 싣고 가는 배

학교를 졸업한 피아노가 설계사무소에서 근무하며 실무를 익히던 무렵의 일이었다. 1969년 12월, 프랑스의 조르주 퐁피두 대통령이 파리 도심에 있는 보부르 지역에 공공도서관과 미술관을 짓기 위한 국제현상설계 공모전을 개최했다. 본래 파리는 19세기 예술의 중심지였지만 1950~1960년대 들어 미국 뉴욕이 새로운 문화도시로 급부상하자 이에 위기를 느낀 프랑스가 옛 명성을 회복하기 위해 대규모 문화시설을 짓기로 한 것이다.

보부르 지역은 예전에 커다란 농수산물 시장이 있던 곳이었는데, 20세기 들어서 점차 쇠퇴해 시장을 철거하고 공터로 남아 있었다. 근처에 노트르담 대성당과 루브르 박물관이 있으니 낙후된 보부르 지역을 정비해 이 일대를 새로운 문화 중심지로 만들겠다는 구상이었다. 공모전에는 전 세계 281개 팀이 응모했고, 피아노의 계획안이 당선되었다. 1971년, 피아노가 서른네 살이던 때였다. 그리고 6년 후 그가 설계한 '퐁피두센터'가 세상에 모습을 드러냈을 때 사람들은 제각기 한마디씩 했다.

"건물 다 지은 거야? 설마 이게 완공된 모습은 아니겠지?"

"혹시 파리에서 석유가 나오고 있는 거 아냐? 이건 그 석유를 탐사하기 위한 시추선인가?"

"맙소사, 역사와 전통이 살아 숨 쉬는 이 아름다운 도시에 대체 무슨 짓을 한 거지?"

건물 외벽에는 파이프와 배수관, 온갖 철제 와이어 등이 덕지덕지 붙어 있었다. 건물이 한창 지어지던 지난 5~6년 동안 사람들은 그런 모습을 대수롭지 않게 여겼다. 아직은 공사 중이니 이제 곧 깔끔한 건물이 완성될 것이라고 생각했기 때문이다. 하지만 공사가 끝났다는 말에 파리 시민들은 기겁을 하고야 말았다. 어쩌다 이 우아한 예술의 도시 파리에 이런 괴상한 건물이 들어선 것인가.

20세기 초까지만 해도 예술품은 그림이나 조각상이 대부분이었다. 이런 것들은 자리도 크게 차지하지 않고 움직임도 없어서 긴 복도나 회랑에 일렬로 전시하면 된다. 그런데 1950~1960년대부터 예술이 변하기 시작했다. 퍼포먼스라는 행위예술이 등장하는가 하면 비디오 아트, 설치미술, 체험전시 등 새로운 장르가 속속 등장했다. 앞으로 또 어떻게 변할지 아무도 예측할 수 없었다. 건물의 수명은 사람의 수명보다 훨씬 길어서 제대로 짓기만 하면 200~300년은 거뜬히 버틴다. 그런데 300년 후의 예술이 어떤 모습으로 변할지는 누구도 예측할 수 없다.

그렇다면 어떤 형태의 예술이라도 수용할 수 있는 '가변성'이 필요하다. 이는 미술관뿐 아니라 모든 건축에 고려되어야 하는 요소다. 앞서 미스 반데어로에는 가변성을 주기 위해 고층 오

피스 건물에서 내부 칸막이벽을 모두 없애고 계단, 엘리베이터, 화장실 등을 한데 모아 중심에 배치했다. 당시 미스가 이것을 마치 인체의 척추처럼 생각해서 건물 한가운데 두었다면, 피아노는 더 많은 가변성을 주기 위해 그마저도 밖으로 완전히 빼낸 것이라 할 수 있다.

사람에게는 뼈대, 신경계, 혈관계 등이 꼭 필요한데 이는 모두 신체 내부에 깊숙이 감추어져 있고 겉에는 매끄러운 피부가

퐁피두센터 1977년 개관한 퐁피두센터는 냉난방 시설, 전기 및 안전시설 등이 색깔별로 구분되어 모두 외부로 드러나 있다.

온몸을 감싸고 있다. 건물도 마찬가지여서 뼈대에 해당하는 건물의 구조, 혈관계에 해당하는 상하수도 시스템, 신경계에 해당하는 각종 전기배선이 있다. 그리고 이 모두는 건물 속에 자리 잡고 있어서 겉으로 드러나지 않는다.

그런데 피아노는 이 모든 통념을 뒤집고 건물을 이루는 구조, 상하수도 설비, 전기설비와 엘리베이터까지 모든 것을 외부로 노출시켰다. 마치 옷을 뒤집어 입은 것처럼 건물을 뒤집어 놓은 것이라 할 수 있는데, 이렇게 함으로써 내부공간은 아무런 장애물 없이 완벽하게 깨끗한 공간이 되었다. 퐁피두센터는 높이 42미터의 6층 건물로 각 층은 45×160미터의 공간이 완전히 네모 반듯하게, 운동장처럼 깨끗하게 비워져 있다. 더구나 공간을 상하로 가로지를 수밖에 없는 에스컬레이터마저 외부로 빼내었다.

퐁피두센터가 세상에 모습을 드러냈을 때 사람들이 "이게 다 지은 건물인가"라는 반응을 보인 것은 이 때문이었다. 숨기고 가려져야 할 모든 설비가 밖으로 드러나 있었기 때문이다. 오히려 피아노는 이것을 건물의 정면, 즉 파사드로 활용했다. 유럽 건축은 파사드를 중요시했고, 특히 유럽에서는 주로 섬세하게 세공한 돌로 파사드를 만들었다. 피아노의 할아버지와 아버지, 삼촌들도 바로 이러한 석재 세공을 했지만, 피아노는 관습에서 과감히 탈피했다. 건물의 기계 요소를 아예 장식으로 활용한 것이다.

건물의 뼈대를 이루는 철골구조물은 흰색, 에스컬레이터는 노란색, 상하수도는 파란색, 전기는 노란색, 냉난방 설비는 파란색과 흰색 등으로 처리해서 아주 화려했다. 그것은 마치 라디오나 TV 기판을 보는 것과도 같아서 사람들은 그것을 '하이테크 건축의 시초'라고 평가했다. 이제 곧 도래하게 될 기계문명의 시대를 예측한 건축이었다.

당시 사람들은 퐁피두센터가 역사와 전통의 도시인 파리에 전혀 어울리지 않는 건물이라고 말했지만, 더욱 큰 틀에서 보자면 파리의 역사를 가장 잘 계승한 건물이라 할 수 있다. 파리의 상징인 에펠탑은 석재가 아닌 주철로 지어졌으며, 뼈대가 그대로 다 보이는 철골 건물이다. 퐁피두센터도 철골로 지어졌고 뼈대는 물론 내부 설비까지 엑스레이로 찍어 놓은 듯이 훤히 보이는 건물이다. 에펠탑도 처음 공개되었을 때는 파리의 흉물이니 당장 철거해야 한다는 이야기까지 있었지만, 지금은 에펠탑 없는 파리는 상상할 수도 없다. 퐁피두센터도 그렇게 파리에서 가장 유명한 명소가 되었다. 50년이 넘은 건물이지만 여전히 각종 행사와 전시, 공연이 열리고 있다.

도심 한복판에 떠 있는 거대한 유조선 같기도 한 이 건물은 수많은 무역선이 오고 가는 항구도시에서 어린 시절을 보냈던 피아노의 경험에서 나온 건물이다. 물건을 싣던 배가 이제 문화를 싣는 배가 된 셈인데, 퐁피두센터가 땅 위에 큰 배를 지어 올린 것이라면 아예 바다 위에 새로운 항구를 만들기도 했다. 바로 일본 오사카 앞바다의 간사이 국제공항이었다.

최첨단 장치로 막아 낸 대지진

일본 제2의 도시 오사카에는 본래 시내에 국제공항이 있었지만 1960년대 들어 협소하고 낙후되었다. 신공항을 새로 지어야 했는데 주변에 공항을 지을 만한 넓은 땅이 없다는 게 문제였다. 그렇다면 차라리 오사카만에 있는 고베 앞바다에 인공섬을 만들어 그 위에 공항을 조성하자는 아이디어가 나왔다. 오사카만은 육지로 둘러싸여 있어 파도가 세지 않았고 수심이 20미터 정도로 얕아서 바다를 메워 인공섬을 만드는 것이 어렵지 않았다.

1987년부터 해안에서 5킬로미터 정도 떨어진 바다 위에 인공섬을 만들기 시작했다. 4만 8,000개의 콘크리트 블록을 바닷속에 떨어뜨려 해저 장벽을 쌓은 뒤 인근의 산을 깎아 생긴 흙으로 바다를 메웠다. 마침내 1989년 4.5×2.5킬로미터 크기의 직사각형 인공섬이 완성되었다. 그 위에 지을 공항은 1988년에 국제 현상설계에 붙였는데 이때 피아노의 안이 당선되었다.

공항은 1.8킬로미터에 이르는 긴 띠 모양이었는데, 그 위에 비행기의 날개를 형상화한 듯한 멋진 지붕을 덮었다. 눈에 띄게 놀라운 디자인이나 화려함 대신 기능에 충실했다. 공항에서 가장 중요한 것은 복잡한 동선을 쉽게 처리하는 것이다. 비행기가 뜨고 내리는 항공 동선 외에도 자동차와 기차라는 육상 동선도 함께 처리해야 한다.

또한 공항 안에는 수많은 사람이 오가기 때문에 보행자 동선도 복잡하다. 처음 온 사람이나 외국인도 쉽게 길을 찾을 수 있도록 직관적인 구조로 만들어야 하는데, 이를 해결하기 위해 공항 내부를 가장 단순한 형태로 설계했다. 이렇게 되면 길 찾기가 매우 쉽다. 처음부터 끝까지 계속 직진하다 보면 결국 목적지에 닿을 수 있기 때문이다. 그렇게 해서 전체 길이 1.8킬로미터에 이르는, 세계에서 가장 긴 대합실이 만들어졌다. 세계에서 가장 긴 건물이었다.

안전 문제를 해결하기 위해 건물 기초의 300개 지점마다 컴퓨터를 설치해 가라앉는 정도를 항시 점검했다. 지반이 가라 앉는 것을 '침하'라고 하는데 이중 가장 위험한 것이 불균등하게 일부분만 가라앉는 부동침하다. 이를 방지하기 위해 설치된 장비는 건물의 어느 한 곳이 불균등하게 가라앉으면 다른 지점과 균등하게 띄우도록 조절한다. 이러한 첨단 장치가 빛을 발한 순간이 바로 1995년 고베 대지진이었다.

일반적으로 지진은 옆으로 흔들리는 것보다 위아래로 흔들리는 직하 지진이 더 위험하다. 고베 대지진은 직하 지진이었지만 간사이 국제공항이 무사했던 이유는 기초 부분에 설치했던 컴퓨터 장치가 직하 지진에 맞추어 빠르게 작동했기 때문이다. 이 일로 피아노는 1998년 건축계의 노벨상이라 불리는 프리츠커상을 수상했다. 한편 서울에서도 그의 작품을 만나볼 수 있는

간사이 국제공항 바다 위에 만들었기 때문에 주변의 소음 피해가 적어 24시간 비행기 이착륙이 가능하다.

데, 광화문에 세워진 KT 사옥이다.

피아노가 설계한 건물은 마치 배와 같다. 퐁피두센터를 멀리서 보면 고만고만한 회색 지붕의 물결 위에 홀로 우뚝 선 유조선 같기도 하고 시추선 같기도 하다. 그곳에서는 지금도 수많은 공연과 행사가 벌어지고 있으니 '문화를 싣는 배'라고 할 수 있다. 간사이 국제공항은 인류 역사상 처음으로 인공섬 위에 만든 공항인데, 이 섬과 공항은 모두 바다 위에 띄운 큰 배라고 할 수 있다. 항공모함 위에서 비행기가 뜨고 내리듯, 바다 위에 지어진 공항에서는 오늘도 수많은 비행기가 뜨고 내린다. 어린 시절 배를 보며 자랐던 소년은 고베 앞바다에 세상에서 가장 큰 배, 지진에도 흔들리지 않는 가장 튼튼한 배를 지었다.

항구도시 제노바와 콜럼버스

#인도 #향신료 #신대륙

르네상스 시대 이탈리아 북부에서는 지중해 바다와 가까운 장점을 살려 해양무역에 치중한 베네치아·피렌체·피사·밀라노와 같은 상업도시들이 크게 성장했다. 제노바도 바로 그러한 도시 가운데 하나였다. 인도를 상대로 한 무역으로 큰돈을 벌었는데, 후추·계피·정향·육두구 등 음식 맛을 좋게 해주는 각종 향신료와 황금이 인도에 많았기 때문이다.

원래 유럽에서 인도까지 가는 길은 몹시 멀고 복잡했다. 그런데 르네상스 시기 과학이 발달하면서 지구가 둥글다는 사실이 밝혀졌고, 제노바에 살던 콜럼버스는 둥근 지구를 따라 계속 서쪽으로 나아가면 쉽게 인도에 도착해 큰 부자가 될 수 있을 것이라고 생각했다.

1492년 8월 3일, 마침내 그는 스페인 황실의 후원을 받아 120여 명의 선원과 함께 '산타 마리아호'를 타고 인도를 향해 서쪽으로 나아갔다. 두 달 정도의 항해 끝에 저 멀리서 어렴풋이 육지가 보이기 시작했다. 콜럼버스와 선원들은 뛸 듯이 기뻐하며 마침내 발을 내디뎠다. 10월 12일의 일이었다. 그러나 사실 그곳은 인도가 아니었다. 그때까지 유럽에 알려지지 않았던 신대륙, 바로 아메리카였다. 죽을 때까지 그곳을 인도라고 착각했던 그는 황

잔혹한 정복자 콜럼버스

금을 얻기 위해 수많은 원주민을 학살했다.

바로 그 콜럼버스의 고향이 제노바였는데, 지금도 제노바에 가면 그가 살던 집이 남아 있다. 석재를 다듬어 지은 집이기 때문에 500여 년의 시간이 지난 지금까지도 보존될 수 있었다.

5

빛과 콘크리트의

빛의 교회　　예술가

1941~

안도 다다오

안도 다다오

安藤忠雄

야! 너도
할 수 있어!

프로필

본명	안도 다다오
출생·사망	1941년~
국적	일본
특이사항	프로 복서 출신의 건축가

대표 건축물

롯코 집합주택

빛의 교회

제주도 본태박물관

제주도 유민미술관

관계성

르코르뷔지에 #첫눈에_반함 #책으로_만
난_스승

프랭크 로이드 라이트 #제국_호텔 #감동
의_도가니

자하 하디드 #도쿄 올림픽 주경기장_심
사위원장 #하디드_응원

재미로 보는 인물 그래프

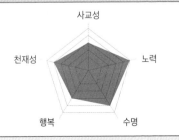

사교성

노력

수명

행복

천재성

사각의 링 위에 홀로 선 17세의 프로 복서를 응원하는 사람은 아무도 없었다. 응원은커녕 야유를 쏟아 내는 모습이 모두 그가 쓰러져 케이오K.O하기를 바라고 있는 듯했다. 관중들은 잔뜩 일그러진 얼굴로 연신 거친 말을 쏟아 냈지만, 외국어라서 한마디도 알아들을 수 없다는 것이 소년에게는 그나마 다행이었다. 이윽고 1회전이 끝나는 종이 울렸고 두 선수는 각자의 자리로 돌아갔다. 상대방 선수는 매니저에 코치까지 달라붙어 물을 먹이고 땀을 닦아 주었지만, 17세 소년 복서에게는 아무도 없었다. 그는 스스로 의자를 펼쳐 앉았고 제 손으로 물을 꺼내 마셨다.

태국에서 열린 복싱경기에 출전한 소년 복서는 일본인 선수였다. 요즘 같으면 비행기로 갔겠지만 1950년대에는 비행기 요금이 무척 비쌀 때여서, 돈을 아끼기 위해 일본에서 태국까지 배를 타고 갔다. 파도가 높고 사납기로 유명한 동중국해에서 뱃멀미로 죽을 고생을 하면서 태국에 도착했지만 소년을 반기는 사람은 아무도 없었다. 선수가 해외 시합에 출전하려면 매니저에 코치는 물론 통역을 담당할 현지 가이드가 있어야 하는데, 그 많은 인원이 움직이려면 돈이 많이 든다. 소년은 아무런 도움 없이 여행 가방조차 제 손으로 들고 홀로 낯선 외국에 도착했다.

안도 다다오

시합 날이 밝았지만 예상대로 경기장의 분위기는 최악이었다. 당시는 아시아에서 제2차 세계대전 전범국인 일본에 대한 감정이 매우 좋지 않을 때였다. 태국도 예외가 아니어서 경기장 안의 모든 관중이, 아니 TV 생중계를 통해 지켜보는 모든 국민이 태국 선수의 통쾌한 강펀치 한 방에 일본인 선수가 쓰러지기를 바라고 있었다. 이윽고 2회전의 시작을 알리는 종이 울렸다. 이제 다시 일어서 나가야 한다. 좁은 링 위에는 물러설 곳도 피할 곳도 없었다. 팬츠 한 장만 입은 채 맨주먹으로 싸우던 이 소년은 바로 안도 다다오였다.

시합 후 일본으로 돌아와서도 소년은 여전히 세상과 맞서 홀로 싸워야 했다. 건축가가 되고 싶었지만 외할머니와 단둘이 살았던 그는 집안 형편이 어려워 대학에 진학할 수 없었다. 과거 일본도 한국 못지않게 보수적인 학벌사회여서, 중요한 자리는 명문대 출신들이 장악하고 있었다. 건축계는 일본 현대건축의 아버지로 불리는 단게 겐조丹下健三와 그의 문하생들로 이루어진 이른바 '단게 사단'이 장악하고 있었다. 그곳에서 고졸 학력이 전부인 다다오는 또다시 맨주먹 하나로 맞섰다.

빛을 따라간 소년

다다오는 1941년 9월 13일, 효고현에서 태어났다. 외동딸이었던 어머니는 결혼해서 첫아이가 태어나면 그 아이는 친정집의 대를 잇기로 약속하고 시집을 갔다. 그런데 쌍둥이를 낳았기 때문에 형은 외갓집으로 갔고, 동생은 어머니 아버지의 집에 남게 되었다. 쌍둥이 형제는 안도 다다오(형), 기타야마 다카오(동생)라는 이름으로 서로 다른 집에서, 다른 성으로 살게 되었다. 얼마 후 외갓집은 오사카 변두리로 이사를 가게 되었는데 햇빛도 제대로 들지 않았고, 몹시 덥고 추운 집이었다. 그런 와중에 다다오가 초등학교에 입학했을 무렵 외할아버지가 돌아가셨다.

오사카는 본래 상공업이 발달한 도시여서 변두리에는 쌀집, 두부집, 야채가게 등 온갖 종류의 가게와 철공소, 목공소, 유리공장, 벽돌공장 등 공장이 많았다. 큰 공장이 아니라 집 안에서 작은 규모로 운영되는 곳이어서 다다오는 이집 저집 놀러 다니며 나무도 자르고 벽돌도 쌓고 유리 공예품도 만들며 놀았다. 공부를 열심히 하지는 않았다. 학교에서 돌아오면 곧바로 가방을 벗어 던지고 골목길로 달려갔는데 그중에서 가장 자주 가는 곳은 목공소였다.

그러던 어느 날 외할머니는 낡고 오래된 집을 수리하기 위해 목수를 불렀다. 젊은 목수는 조수도 없이 혼자 왔기 때문에 다다오는 신이 나서 이것저것 일을 거들었다. 점심때가 되자 외할머니는 식사를 권했지만 목수는 정중히 사양하며 열심히 지붕을 뜯어냈다. 그 모습에서 다다오는 문득 장인의 진지함을 느꼈다. 그를 도와 함께 힘을 쓰는 순간, 순식간에 지붕이 뜯기고 갑자기 새하얀 빛이 쏟아지기 시작했다. 천장에 구멍이라도 난 것처럼 폭포수 같은 빛줄기가 내리자 이제껏 축축한 어둠 속에 잠겨 있던 집이 활기를 찾기 시작했다. 분명 똑같은 집인데 이제껏 한 번도 볼 수 없었던 전혀 다른 표정을 짓기 시작한 것이다.

그 빛을 온몸으로 받고 있던 중학교 1학년의 소년은 문득 생각했다. '건축은 이렇게 멋진 거구나, 배고픔조차 잊고 몰두할 수 있을 정도로 의미 있는 일이구나.' 어둡고 축축하던 2층의 목조주택, 그곳으로 쏟아지던 밝은 빛, 그리고 태양의 움직임에 따라 시시각각으로 변하는 빛의 표정. 이것은 이후 다다오의 건축에서 중요한 모티프가 된다.

고교 시절 그는 돈을 벌기 위해 잠시 프로 복서로 활동했다. 1950년대 일본은 제2차 세계대전 패전국으로 모든 것이 부족하던 시절이었다. 글러브 한 쌍만 있으면 되는 복싱은 '헝그리 스포츠'의 대명사였고, 힘깨나 쓴다는 남자라면 누구나 한 번쯤 복서로 성공하기를 꿈꿨다. 프로 복서로 시합에 출전하고 받는 대전료는 제법 큰돈이었다. 고등학생이었던 다다오는 태국 방콕에서 열리는 시합에 출전했고, 성적도 그리 나쁘지 않아 프로 복서로 살아갈 계획을 세우고 있던 참이었다.

대전료를 받은 다다오는 그 돈으로 난생처음 도쿄 구경을 하러 갔다. 지방 도시 오사카에서만 살았던 소년이 기차를 타고 도쿄역에 내려 보니 세상은 별천지였다. 오사카는 상인의 도시, 도쿄는 무사의 도시라고 했던가. 오사카 특유의 활기차고 시끌벅적한 분위기와는 사뭇 다른 차분한 도시에 무표정한 얼굴의 사람들이 바쁘게 거리를 오갔다. 대도시에서 행여 길을 잃을까 두려웠던 소년은 도쿄역을 뒤로한 채 곧장 앞으로만 길을 걸었다. 그렇게 직진만 하다가 나중에 왔던 길을 되돌아오면 절대 길을 잃지 않고 돌아올 수 있을 거라고 생각했다.

한참을 걷던 다다오는 놀라운 건물을 발견하고 멈춰 섰다. 연꽃이 만발한 연못을 품고 조용히 웅크리고 앉아 있는 건물, 많은 사람이 분주히 오가는 큰길에서 한발 물러나 홀로 우아하게 버티고 앉은 고풍스러운 건물, 근대건축의 거장 프랭크 로이드 라이트가 설계한 '제국 호텔'이었다. 1923년 9월 1일, 호텔이 개장하던 날 공교롭게도 도쿄와 요코하마 일대를 뒤흔든 간토 대지진이 일어났다. 도쿄 전체가 초토화되었지만 기왓장 하나 떨어지지 않고 무사했던 바로 그 호텔이었다. 다다오는 그때 건축을 공부하기 전이어서 그 모든 사실을 전혀 모르고 있었지만, 대가의 작품이 주는 벅찬 감동만은 분명 느끼고 있었다. 어디가 어떻게 왜 좋은지 정확히 말할 수는 없지만, 위대한 건축이 주는 감동이 온몸을 감싸 휘몰아치고 있었다.

한참 동안 그곳에 서 있던 다다오는 발걸음을 반대로 돌렸다. 건물 앞에서 느낀 희열을 그대로 간직하기 위해 이제 더 이상 다른 구경은 하지 않기로 했다. 도쿄에서 오사카로 돌아오는 기차 안, 자신이 좋아했던 목공 너머에는 건축이라는 드넓은 세계가 있다는 것을 문득 깨달았다. 중학교 1학년 때 집수리를 도우며 느꼈던 감동이 막연하고 어렴풋했다면 이것은 훨씬 더 크고 강렬했다. 자신은 이제 복싱이 아닌 건축을 하게 되리라는 강한 예감이 밀려왔다. 오사카로 돌아온 그는 더 이상 복싱 체육관에 나가지 않았다. 고등학교 2학년 시절의 일이었다.

독학과 여행으로 건축을 배우다

건축가가 되고 싶었지만 대학에 진학하기는 힘들었다. 집안 형편도 어려웠고, 중고교 시절 그다지 공부를 열심히 하지 않았기 때문에 성적도 시원찮았다. 그렇다면 독학으로 공부하는 수밖에 없었다. 공업고등학교에서 배운 기술로 작은 나이트클럽의 인테리어 공사를 했고, 그때 받은 첫 설계비로 건축학과 교과서를 사서 읽기 시작했다. 4년 치 과정의 책을 정신없이 읽던 어느 날, 오사카 헌책방에서 르코르뷔지에의 작품집을 발견했다. 르코르뷔지에가 직접 그린 스케치와 도면이 있는 아름다운 책이었지만, 값이 비싸 선뜻 살 수가 없었다. 책을 사기 위해서는 아르바이트로 돈을 모아야 하는데, 혹시 그동안에 누가 저 책을 사지 않을까 하는 생각에 다다오는 아무도 그 책을 발견할 수 없도록 깊숙한 자리에 밀어 넣었다. 다음 날도, 다다음 날도 책이 그 자리에 있는지 확인하기 위해 헌책방을 들락거렸다.

그러기를 한 달 남짓, 마침내 책을 손에 넣을 수 있었지만 온통 불어와 영어로 쓰여 있어 무슨 내용인지 알 수가 없었다. 다만 거기에 있는 도면을 베끼기 시작했다. 처음부터 끝까지 책에 나와 있는 도면을 몇 번이나 반복해 그리면서 다다오는 건축을 배웠다. 이것은 수많은 건축가가 10대 후반에서 20대 초반에 유명한 건축가의 사무소에 들어가 제도사로 일했던 것과 동일한 과정이었다. 대학을 나오지 않은 르코르뷔지에가 여행을 다니며 스케치를 통해 건축을 배웠듯, 다다오도 그 방식을 따른 것이다.

23세가 되던 1963년 그는 전국 일주를 하며 고건축과 현대건축을 직접 보고 스케치하는데, 그중 일본 현대건축의 기초를 만들었다고 평가받는 단게 겐조의 작품을 보고 큰 감동을 받았다. 그리고 이듬해인 1964년 일본에서 처음으로 해외 자유여행이 허용되자 유럽으로 가기로 결심한다. 당시로서는 대단한 모험이었다. 지금 우리는 누구나 자유롭게 해외여행을 갈 수 있지만 예전에는 우리나라나 일본이나 불가능한 일이었다. 외국에 나가려면 유학, 사업, 출장, 대회 참가 같은 명확한 목적이 있어야 했고, 관광여행은 허용되지 않았기 때문이다. 그런데 막상 유럽을 가자고 생각하니 다다오는 어디서부터 어떻게 시작해야 할지 막막하기만 했다.

우선 요코하마에서 배를 타고 시베리아에 도착한 다음 철도를 이용해 모스크바로 가기로 했다. 그 후엔 핀란드·프랑스·스위스·이탈리아·그리스·스페인 순으로 이동했다. 동쪽에서 서쪽으로 이동하며 육로로 유라시아 대륙을 관통한 셈인데, 이를 통해 기후와 풍토에 따라 인류가 어떻게 적응해 왔는지를 배웠다. 건축은 척박한 환경에서 인간이 적응해 살아가는 과정이라는 것을 깨달았다. 그다음에는 프랑스 마르세유에서 배를 타고 아프리카를 거쳐 마다가스카르·인도·필리핀을 거쳐 일본으로 귀국했다. 돌아오는 길에는 서쪽에서 동쪽으로 해로를 통해 이동하며 아프리카와 아시아를 살펴본 것이다. 7개월에 걸쳐 유라시아를 두 번 관통했던 이 여행은 진정한 의미의 '그랜드투어'였다고 할 수 있다.

그중에서 특별히 인상 깊었던 곳은 르코르뷔지에의 나라인 프랑스였다. 빌라 사보아를 둘러본 뒤 마르세유에서는 며칠을 머물며 유니테 다비타시옹을 천천히 살펴보았다. 1965년 9월,

마침내 파리에 도착해서는 손짓 발짓으로 길을 물어 르코르뷔지에의 사무실이 있는 세브르가 35번지를 겨우 찾아갔지만 막상 그를 만날 수는 없었다. 르코르뷔지에는 다다오가 도착하기 불과 몇 주 전에 남부 프랑스의 해안가에서 수영을 하다가 심장마비로 사망했기 때문이다.

여행을 마치고 돌아온 다다오는 틈틈이 건축 일을 하면서 번 돈으로 틈만 나면 해외여행을 나갔다. 또래 친구들이 대학 강의실에 앉아서 책으로 건축을 배울 때 그는 해외에 나가 그 건물을 직접 보고 배웠다. 건축은 오감 외에 '공간감'이라고 하는 감각으로 느껴야 한다. 에펠탑·피라미드·만리장성 등은 누구나 알고 있는 건축이다. 흔히 그것을 사진으로 접하지만 공간감은 실제 그곳에 가서 눈으로 보고 건물 안에 들어가 보아야 느낄 수 있다. 1965년부터 1969년까지 대학 교육 대신 4년간의 그랜드 투어를 마친 다다오는 오사카에 자신의 이름을 건 설계사무소를 연다. 그의 나이 스물여덟 살이었다.

크고 멋진 설계사무소는 아니었다. 직원이 많은 것도 아니었다. 다다오와 그의 여자친구이던 가토 유미코 단둘이서 일했는데, 일거리도 별로 없었다. 허름한 곳에 사무실을 차린 고졸 건축가에게 설계를 맡기려는 사람은 없었으니까. 그럴 때면 다다오는 작은 스케치북 하나를 옆구리에 끼고 사무소 주변을 어슬렁거렸다. 우연히 작은 공터를 하나 발견하면 그곳에 어울릴 만한 건물을 스케치했다. 그리고 주변을 수소문해 땅 주인을 알아낸 다음, 찾아가 스케치를 보여 주며 말했다.

"빈 땅을 남겨 두지 말고 이런 건물을 지어 보시는 게 어떻겠습니까?"

땅 주인은 "별 이상한 녀석을 다 보겠군" 하는 표정을 지으며 손사래를 쳤다. 지금까지 한 번도 그런 식으로 일한 건축가는 없었기 때문이다. 하지만 다다오는 일감은 가만히 앉아 있으면 누가 가져다주는 게 아니라 내 손으로 만드는 것이고, 일이 없으면 찾아서라도 하자는 생각을 가지고 있었다. 어려서부터 모든 것을 스스로 혼자 해내던 경험에서 나온 습관이었다.

그런데 이런 일이 반복되자 처음에는 손사래를 쳤던 땅 주인이 몇 달 뒤 또는 몇 년 뒤에라도 다다오의 사무실로 찾아와 설계를 맡기기 시작했다. 그런 식으로 조금씩 일거리가 늘어났다. 대개 자투리 공터에 짓는 고만고만한 주택이나 2~3층짜리 상가건물이었다. 도서관이나 학교, 박물관, 병원 등의 대형 프로젝트는 명문대 출신의 엘리트 건축가의 몫이었다. 대학 문턱에도 가보지 못한 다다오에게는 자잘한 일거리가 주어졌지만 크게 낙담하지 않았다.

무명 건축가의 이름을 알린 롯코 집합주택

그러던 어느 날 의뢰가 들어왔다. "고베에 있는 롯코산 자락에 집합주택(한 건물에 여러 가구가 입주한 주택)을 지어 분양할 계획이 있습니다. 설계를 부탁해도 될까요?" 사무소를 차린 지 10년 차에 접어들던 1980년 초반의 일이었다. 현장에 가보니 뒤쪽으로 경사 60도의 가파른 롯코산이 버티고 있었다. 이런 땅에 집을 지으면 산사태가 일어나 건물을 덮칠 수 있기 때문에 산자락에 콘크리트 옹벽을 쌓는다. 경사가 많은 우리나라에서도 콘크리트 옹벽을 자주 볼 수 있다. 안전을 위해서이지만 커다란 담벼락에 갇힌 듯이 답답한 느낌을 주기도 한다. '그렇다면 아예 산자락에 집을 짓는 것은 어떨까?'

흔히 아름답고 평평한 곳에 집을 지어야 한다고 생각하지만, 본래 아름다운 땅에는 집을 짓지 말아야 한다. 제아무리 훌륭한 건축가가 멋진 건물을 짓는다 해도 건축은 결국 자연을 훼손하는 행위다. 따라서 정말로 아름다운 땅이라면 훼손을 막기 위해 자연 그대로 두어야 한다. 대신 조금 못나고 불편한 땅을 택해 건물을 지음으로써 그 장소의 가치를 향상시키는 것이 건축의 목적이라고, 건축학 교과서에서 가르치고 있다. 다다오는 바로 그 사실을 떠올리고 60도의 가파른 경사지에 집을 짓기로 했다. 물론 쉬운 일은 아니었다. 우선 건축주가 펄쩍 뛰었다.

"그런 집은 지금까지 한 번도 본 적이 없을뿐더러, 지어 봤자 아무도 사지 않을 것입니다. 분양에 실패하면 건축가께서 책임지실 건가요?"

갖은 말로 건축주를 설득하자 이제는 관청의 허가를 받는 것이 문제였다. 산자락에 짓는 건물이다 보니 건물의 높이가 너무 높으면 <u>고도제한</u>에 걸린다. 그렇다면 산을 조금씩 깎아 건물의 일부분을 매립해 가면서 지으면 어떨까? 다행히 허가가 떨어졌다. 건축주를 설득하고 관청의 허가를 얻었으니 제일 어려운 문제가 해결되었다고 생각했는데 이번에는 시공이 문제였다.

60도의 가파른 경사지에 집을 짓는 일이어서, 그렇게 어려운 일을 맡겠다고 선뜻 나서는 시공사가 없었다. 대형 시공사는 모두 고개를 절레절레 흔드는 와중에 어느 작은 회사가 나섰다. 젊은 사장이 세운 신생업체여서 겁 없이 뛰어든 것이리라. 규모가 작기는 다다오의 사무소도 마찬가지여서 첫 삽을 뜨던 날은 시공사 직원과 설계사무소 직원까지 모두 현장에 총출동했다.

🔨 **지식 더하기**　　　　　　　　　　　⊗ ⊖ ◐

고도제한
건축물의 높이를 법으로 제한하는 규제를 말한다. 주로 비행기의 안전운행이나 자연경관 보존을 목적으로 한다.

다다오도 로프에 매달려 현장 상황을 지켜보았다. 바람이 불 때마다 60도 경사지에 매달린 로프와 함께 그의 몸도 흔들렸다.

그렇게 완공된 롯코 집합주택은 르코르뷔지에의 유니테 다비타시옹을 경사지에 적용한 것이라고 볼 수 있다. 각 세대는 모두 복층으로 구성되었고, 산자락을 따라 자리 잡은 집들은 아래층 세대의 옥상을 위층 세대에서 테라스로 사용할 수 있었다. 아파트나 연립주택과 같은 공동주택은 마당을 사용할 수 없다는 것이 큰 단점인데, 이를 해결한 것이다. 이러한 아이디어가 신선했는지, 건물이 다 지어질 때쯤 비슷한 집합주택을 지어 달라는 새로운 제의가 들어왔다.

이번에는 처음의 것보다 다섯 배 크기의 규모여서 수영장과 운동시설도 만들고, 옥상에는 나무를 심어 옥상정원으로 만들었다. 경사지를 따라 조성된 계단은 최대한 오밀조밀하게 만들어 어린 시절 뛰놀던 골목길 같은 느낌을 주었다. 처음에 지은 것을 '롯코 I', 그다음 지은 것을 '롯코 II'라고 불렀는데, 완공되고 약 2년이 지났을 무렵인 1995년 1월, 고베 대지진이 일어났다. 다다오가 지었던 롯코 I·II는 모두 무사했지만, 바로 그 옆에 있던 고베제강 회사 사원 기숙사는 손상을 입었다. 그러자 고베제강에서 기숙사를 헐고 롯코 III을 지어 달라는 설계를 의뢰했다. 현재 롯코산 언저리에는 롯코 I(1983년), 롯코 II(1993년), 롯코

롯코 집합주택 다다오 건축의 특징은 '자연과의 조화'다.

III(1999년)이 자리 잡고 있다.

롯코 집합주택이 의미 있는 이유는 소규모 연립주택임에도 열과 성을 다했기 때문이다. 우리나라에도 흔히 '빌라'로 부르는 연립주택이나 다세대 주택이 많은데, 유명 건축가들은 이런 주택에는 그다지 큰 관심을 기울이지 않는다. 그러나 다다오는 바로 그런 프로젝트를 자청해서 맡았다. 경사지에 집을 짓는 어려운 일이어서 건축주, 행정 관청, 시공사를 모두 설득해야 하는데, 그는 모든 것을 혼자서 처리했다. 열일곱 살 소년 복서 시절 매니저나 현지 가이드 없이 태국에 가서 맨주먹으로 싸운 경험이 없었다면 불가능했을지도 모른다. 그에게 건축은 홀로 역경을 이겨 나가는 과정이었다.

작은 건축에 쏟은 큰 정성

롯코 집합주택으로 바쁜 나날을 보내던 1987년의 어느 날, 지인이 찾아와 말했다. 자기가 다니는 교회가 너무 낡아 다시 지어야 하는데 설계를 맡아 달라는 이야기였다. 장소를 찾아가 보니 오사카 인근 이바라키시에 있는 작은 교회였다. 주택가 한가운데 자리 잡고 있어 대지는 50평 남짓으로 좁았는데, 교회를 짓기 위해 마련한 건축비도 너무 적었다. 동네 신도들이 한 푼 두 푼 정성 들여 모은 돈이다 보니 설계비도 공사비도 모두 빠듯했다. 그러니 지인 찬스를 써서 다다오에게 부탁한 것이리라. 대지도 좁고 건축비도 부족한 상황에서는 간단한 콘크리트 박스형 건물로 짓는 수밖에 별다른 방법이 없었다.

다다오는 여기서 여행의 기억을 떠올렸다. 유럽에서 보았던 중세 수도원이었다. 중세 성직자들의 삶이 타락할수록 성당 건축은 화려했다. 이에 대한 각성으로 수도사들은 세속을 떠나 은둔의 삶을 시작했다. 도심을 떠나 깊은 산속으로 들어가 돌을 깎아 동굴 같은 예배당을 만들기도 했는데, 바로 그 수수한 모습을 재현하기로 했다.

건물은 대지 형태에 맞추어 가로 6미터, 세로 18미터의 직사각형 상자 모양으로 하고, 간단한 창문 외에는 어떤 것도 두지 않았다. 냉난방 설비도 하지 않고 모든 것은 최소한의 것만 갖춘 소박한 건물이 되도록 했다. 건축비가 부족했던 이유도 있지만 경건한 수도자의 삶을 표현한 것이기도 했다. 사방을 콘크리트 벽으로 둘러싼 암흑의 공간에 포인트가 되는 것은 벽면에 뚫린 십자가 모양의 작은 틈이었다. 그 작은 틈으로 햇빛이 쏟아졌다. 그것은 그 자체로 '빛나는 십자가'였다. 어느 종교에서나 신의 모습은 빛으로 표현되는데, 빛나는 십자가는 하느님이 바로 그 자리에 있다는 인상을 주었다.

벽면을 통해 쏟아지는 빛은 중학교 1학년 시절, 낡은 집의

빛의 교회 종교적 경건함과 성스러움이 돋보이는 건축물이다.

안도 다다오

지붕을 뜯어냈을 때 느꼈던 빛의 감동을 재현한 것이기도 했다. 크고 화려한 대성당이 아니었다. 어린 시절 외할머니와 살았던 집처럼 낡고 작은 주택이 즐비한 동네 한가운데 있는 작은 교회였다. 태어나자마자 부모와 떨어져 불우한 시절을 보내던 소년에게 다가왔던 한 줄기 따스한 빛. 소년은 그 빛을 잊지 않았던 것이다.

롯코 집합주택과 빛의 교회는 부자를 위한 건축이 아니고, 동네 이웃을 위한 건축이었다. 작은 건축에 쏟았던 큰 정성이 빛을 발해 다다오는 1995년 세계 최고 권위의 건축상인 프리츠커상을 수상했다. 그리고 그때 받았던 상금 전액을 고베 대지진으로 부모를 잃고 고아가 된 어린이들을 위해 써달라고 기부했다.

현재 우리나라에서도 다다오의 작품을 여럿 만나볼 수 있는데 그중 제주도 서귀포시에는 본태박물관과 유민미술관이 있다. '본태'는 본래의 모습이라는 뜻이며, 유민미술관의 본래 이름은 지니어스 로사이Genius Loci였는데, 라틴어로 '땅을 지키는 수호신'이라는 뜻이다. 두 건물은 이름에 걸맞게 아름다운 제주의 본모습을 거스르지 않는 형태로 지어졌다.

본태박물관은 콘크리트 본연의 아름다움을 살리기 위해 장식이나 치장을 하지 않는 노출콘크리트 기법으로 지어졌다. 유민미술관은 섭지코지에 자리 잡고 있는데 다다오는 그곳의 아름다움을 훼손하지 않기 위해 건물을 높게 올리는 대신 땅을 파기로 했다. 지상 1층, 지하 1층으로 이루어져 겉으로는 건물이 잘 드러나지 않는다. 대신 안으로 들어갈수록 놀라운 광경을 만나게 되는데, 좁은 틈 사이로 빛이 스며들 수 있도록 곳곳에 '빛의 마당'이라고 하는 광정光井, light well을 만들었다. 어두운 지하, 하늘에서 쏟아지는 밝고 따스한 빛, 그것은 다다오 건축의 상징이었다.

냉전과 해외여행

#냉전 #공산주의 #자본주의

지금은 누구나 자유롭게 해외여행을 갈 수 있지만 1980년대까지는 어려운 일이었다. 우리나라에서 일반인의 자유로운 해외여행이 허용된 것은 1989년 이었다. 그전까지 일반인이 해외여행을 나가려면 유학, 연수, 사업, 해외에 있는 친지 방문 등 분명한 목적이 있어야 했고, 단순히 관광을 위한 해외여 행은 허용되지 않았다.

그 이유는 정치적인 문제와 경제적인 문제, 두 가지로 살펴볼 수 있다. 첫째, 1970~1980년대까지 세계는 미국과 소련을 두 축으로 하는 자유 진 영과 공산 진영으로 나뉘어 냉전을 벌이고 있었다. 더구나 우리나라는 그 두 진영이 싸우다가 휴전한 상태의 분단국가였다. 이런 상황에서 일반인이 해외에 나갔다가 북한이나 공산권 국가로 망명하거나 반대로 납치를 당할 수도 있었다. 냉전과 분단국가의 특성상 우리나라 국민을 보호하기 위해 해 외여행을 금지한 것이다.

둘째, 당시 우리나라는 한국전쟁이 끝나고 경제적으로 어렵던 시절이 었다. 1인당 국민소득도 몹시 낮았다. 경제를 살리기 위해 전 국민이 근검 절약하며 수출에 의존해 외화를 벌어들이고 있었다. 따라서 단순히 관광여

총성 없는 전쟁 '냉전(cold war, 冷戰)'

행을 위해 외국에 나가 큰돈을 쓴다는 것은 힘들게 번 외화를 낭비하는 일
이었다.

이런 두 가지 이유로 일반인의 해외 자유여행은 금지되었는데, 이는 우
리나라뿐 아니라 일본과 중국도 마찬가지였다. 일본의 경우는 1945년 제
2차 세계대전 이후 패전국으로 1950~1960년대 경제발전을 이루어 1964년
사상 첫 도쿄 올림픽을 개최했고, 같은 해 해외 자유여행이 허용되었다. 우
리나라도 1988년 서울 올림픽을 개최하고 난 이듬해인 1989년부터 허용
되었고, 중국은 1997년부터 가능해졌다.

6

아시아를 사랑한

CCTV 사옥

건축가

1944~

렘 콜하스

렘 콜하스

Rem Koolhaa

내가 좀
괴짜 같긴 해.

프로필		대표 건축물
본명	레멘트 콜하스	시애틀 공공도서관
출생·사망	1944년~	리움 삼성아동교육문화센터
국적	네덜란드	서울대학교 미술관
특이사항	저널리스트이자 시나리오 작가이며 건축가	CCTV 사옥

관계성

안톤 콜하스 #아버지 #시나리오 #아카
　데미상
이건희 #서울대_미술관 #통_큰_기부
　#리움_삼성아동교육문화센터
빌 게이츠 #시애틀_공공_도서관 #기부

재미로 보는 인물 그래프

사교성
노력
수명
행복
천재성

이번에 새로 짓기로 한 현대미술관의 계획안을 펼쳐 본 삼성 이건희 회장은 불꽃 같은 기쁨으로 온몸이 떨렸다. 은색으로 빛나는 거대한 불덩이 같은 건물이 그려져 있었기 때문이다. 온몸을 티타늄 갑옷으로 감싼 채 웅크리고 있는 듯한 건물, 빌바오 구겐하임 미술관을 빼다 박은 듯한, 아니 그보다 더 아름다운 계획안을 보고 "역시 프랭크 게리로군"이라고 나지막이 중얼거렸다.

1997년 삼성그룹은 경복궁 근처에 있는 종로구 송현동에 1만 1,000평 규모의 대지를 사들여 현대미술관을 짓기로 하고 그 설계를 국제현상설계 공모에 붙였다. 이때 게리의 계획안이 당선되었는데 그의 명성답게 설계비가 높았다. 그런데 그해 늦가을 하필 IMF 외환위기를 겪으면서 모든 계획은 취소되고 말았다. 만약 외환위기가 없었다면 우리나라도 빌바오 구겐하임 미술관을 능가하는 빼어난 작품을 갖게 되었을 테지만, 이것으로 좌절할 이 회장도 아니었다.

얼마 후 자택 인근인 용산구 한남동에 미술관을 짓기로 한 것이다. 이번에는 게리라는 한 명의 거장 대신 마리오 보타, 장 누벨, 렘 콜하스라는 세 명의 건축가에게 나누어 설계를 맡겼다.

렘 콜하스

보타는 고古미술관, 누벨은 현대미술관, 콜하스는 삼성아동교육
문화센터를 담당했다. 그중 콜하스를 가장 인상 깊게 보았는지,
3년 후 이 회장은 콜하스가 설계한 서울대학교 미술관 건립에
통 큰 기부를 하게 된다.

1997년 무렵 콜하스는 서울대학교 부지 내에 있는 미술관
설계를 하고 있었는데, 이 역시 외환위기로 갑자기 중단된다. 그
리고 2002년 다시 설계를 재개했는데, 콜하스는 1997년과 2002년
두 번에 걸쳐 설계를 했으니 설계비도 2회 치를 요구했다. 갑자
기 두 배의 설계비를 내게 된 서울대에서는 이를 감당하기 어려
웠다. 1997년에 이어 2002년의 계획도 물거품이 되는 것인가?

이때 서울대는 삼성문화재단에 도움을 요청했고, 삼성 측은
설계비 전액을 지원하기로 했다. 대기업에서 대학에 박물관이나
도서관, 강의 건물 등을 후원하는 예가 많은데, 이로써 서울대학
교 미술관이 2005년에 개장할 수 있었다. '리움 삼성아동교육문
화센터'와 '서울대학교 미술관'은 모두 삼성그룹의 후원 아래 콜
하스가 설계했다.

콜하스는 2000년 건축계의 노벨상이라 일컫는 프리츠커상
을 수상했고, 그해《타임》이 선정한 '가장 영향력 있는 100인' 가
운데 한 명으로 선정되었던 건축가이지만, 정작 그를 유명하게
한 것은 건축이 아닌 책 두 권이었다. 1970년대에 집필한《정신

착란증의 뉴욕》과 《S M L XL》는 당시 큰 반향을 불러일으켰고 50여 년이 지난 지금도 여전히 건축학도들의 필독서다. 오랜 기간 건축보다는 책으로 더 유명했던 건축가, 그리고 더 오래전에는 건축가가 아닌 저널리스트이자 영화 대본을 쓰는 시나리오 작가로 유명했던 사람, 렘 콜하스는 누구일까.

인도네시아에 간 네덜란드 소년

콜하스는 1944년 11월 17일 네덜란드 로테르담에서 태어났다. 할아버지는 건축가였고, 아버지는 소설가이자 비평가, 시나리오 작가로 유명했던 안톤 콜하스다. 안톤 콜하스가 시나리오를 썼던 다큐멘터리 영화 두 편은 아카데미상을 수상하기도 했다. 콜하스가 거쳤던 저널리스트, 시나리오 작가, 건축가 등의 이력은 이러한 집안의 영향을 많이 받았을 것이다.

콜하스가 태어나던 1944년 무렵의 세계정세는 복잡했다. 제2차 세계대전을 일으킨 독일은 1940년 5월 네덜란드를 침공했다. 로테르담에 대규모 공습이 이어져 모든 건물이 타버리고 도시는 폐허가 되었다. 기적처럼 성당 하나만이 남았고, 전쟁이 끝나자 로테르담에는 건축 붐이 일어난다. 건물을 새로 짓기 위해 많은 건축가가 몰려들면서 1940년대 후반 로테르담은 여기저기에서 새 건물들이 죽순처럼 올라오고 있었다. 이것이 어린 콜하스가 기억하는 세상의 첫 모습이었다.

한편 사회비평가이기도 했던 아버지는 1940년 무렵 네덜란드가 식민지배하고 있던 인도네시아의 독립을 지지하는 글을 기고했다. 이후 제2차 세계대전이 끝나고 인도네시아가 독립을 하자 이를 고맙게 여긴 인도네시아 정부는 문화 교류의 일환으로 콜하스 가족을 수도 자카르타에 초대해 5년간 머물게 했다. 1952~1956년 무렵이었으니 콜하스가 여덟 살에서 열두 살로 성장하던 시기였다. 자카르타에서 보낸 이 시절은 평생 가장 멋지고 즐거운 경험이었다. 네덜란드와 인도네시아는 기후와 환경, 문화가 달랐지만 공통점도 있었다. 로테르담이 폭격으로 폐허가 되고 난 후 도시를 재건하고 있었다면, 인도네시아도 갓 독립한 신생국으로서 자카르타에 여러 건물을 짓고 있었다.

무더운 인도네시아에서는 실내보다 실외에서 많은 활동이 일어난다. 물건을 사고파는 것도 슈퍼마켓이 아닌 떠들썩한 장터였고, 길에서 우연히 아는 사람을 만나는 일도 자주 있었다. 거리와 광장을 오가는 사람, 그 사람들이 빚어내는 갖가지 행위와 다채로운 일상, 이것이 소년 콜하스가 기억하는 세상의 두 번째 모습이었다. 콜하스 가족은 문화 교류의 일환으로 왔으나 완전한 인도네시아인으로 살았다. 콜하스도 인도네시아 초등학교에 다니며 인도네시아인 친구를 사귀었다. 그러다 보니 자칫 백인이 가질 수 있는 아시아인에 대한 편견과 거부감이 그에게는 전혀 없었고, 이후 많은 시간이 흐른 뒤 한국과 중국 등 아시아 국가에서 대형 프로젝트를 진행하는 데 큰 도움이 되었다.

1956년 암스테르담으로 돌아온 콜하스는 영화텔레비전학교를 졸업하고 19세에 신문사인 헤이그포스트에서 저널리스트로 활동했다. 그리고 틈틈이 영화 시나리오를 쓰기도 했다. 저널리스트와 시나리오 작가는 둘 다 글을 쓰는 일이지만 매우 다른 성격을 지녔다. 저널리스트가 언제나 사실을 바탕으로 글을 써야 한다면, 시나리오 작가는 상상력을 토대로 글을 쓴다. 그렇다고 너무 허황한 이야기를 지어내면 사실감이 떨어진다. 현실에 따르면서 자유로운 상상력으로 이야기를 만들어 내는 것이 시나리오 작업이고, 시나리오를 시각적으로 정교하게 구현한 것이 영화다.

그런데 영화는 결국 허구의 세계다. 영화가 주는 감동이 아무리 크다고 한들, 스크린 속으로 직접 들어갈 수는 없다. 예술가가 구현한 작품 세계 속으로 직접 걸어 들어갈 수 있는 예술, 그것은 건축이 유일했다. 실생활과 가장 가까운 종합예술이면서, 인간이 만들 수 있는 가장 큰 크기의 예술, 콜하스는 바로 그 건축을 하기로 결심했다. 1968년 그는 갓 완성한 시나리오를 영화 제작사에게 넘기고 건축을 공부하기 위해 영국으로 떠났다.

종이 건축가로 불린 콜하스

런던으로 간 콜하스는 AA스쿨이라는 건축학교에서 1968~1972년까지 공부했다. AA스쿨은 지금도 매우 유명한 건축학교인데, 19세기 말 건축계의 이단아라 불리는 아키그램 건축 그룹이 세운 학교였다. 아키그램Archigram은 '건축Architecture'과 '전보Telegram'의 합성어로, '영국 건축계에 긴급 전보를 날린다'라는 뜻이다. 19세기에는 전화가 없어 사람들은 주로 편지를 주고받았다. 그중 사망이나 사고와 같은 급한 연락은 전보를 쳤기 때문에 전보가 오면 사람들은 지레 놀라곤 했다.

AA스쿨도 사람들이 놀랄 만큼 급진적이고 혁신적인 이론을 가르쳤다. 이를테면 '건축은 왜 항상 땅에 붙박여 있어야 하는가?' '건물에 다리를 달아 걸어 다니게 할 수는 없는가?' 하는 생각에 '걸어 다니는 도시'를 제안하기도 했다. 공상과학 영화에나 나올 법한 생각이지만, 콜하스는 AA스쿨의 독특하고 기발한 학풍을 좋아했다. 본래 시나리오 작가였던 그의 성향과 더욱 잘 맞

🔨 **지식 더하기**　　　　　　　　　　⊗ ⊖ ◈

아키그램

1960년대에 결성된 건축 그룹으로 〈아키그램〉이라는 간행물을 통해 건축과 팝 문화에 대한 새로운 사고들을 제안했다. 과학기술, 현대 대중문화, 대량 생산, 유토피아니즘 등 다양한 주제의 실험적인 시도가 돋보였다.

앞을지도 모른다. 성적도 우수해서 졸업 후에는 곧 모교에서 강사가 되어 학생을 가르쳤고, 미국 코넬 대학교에서 더 공부한 후 뉴욕으로 건너갔다. 그리고 여기서 1974년 《정신착란증의 뉴욕》이라는 책을 출간한다.

당시 뉴욕은 전 세계의 이민자들이 몰려든 국제도시였고 서로 다른 문화가 대도시 안에서 충돌하고 있었다. 자칫 무질서하고 혼란에 빠지기도 했지만, 그 속에서 독특한 문화 역시 생기고 있었다. 여기에 착안해 대도시 특유의 문화를 '혼돈의 문화'라고 정의했다. 다양한 문화가 거리에서 뒤섞이듯이, 건물도 서로 다른 용도의 기능을 혼합해 지어야 한다는 내용이었는데, 출간되자마자 큰 반향을 일으킨다. 그때까지 건물은 명확한 기능 분리를 원칙으로 하고 있었기 때문이다. 공항, 백화점, 오피스빌딩, 극장, 체육관처럼 각 건물은 명확한 기능이 있고, 그 기능을 충실히 수행하기 위해 한 건물에는 한 가지 시설만을 두었다. 그러니 공항과 백화점 또는 영화관과 수영장을 하나의 건물 안에 함께 짓는다는 것은 당시에는 매우 이상한 발상이었다.

이듬해인 1975년 그는 몇몇 예술가와 함께 고향인 네덜란드 로테르담으로 돌아와 설계사무소 OMA를 설립했다. 하지만 이상한 괴짜 건축가에게 설계를 의뢰하는 사람은 아무도 없었다. 그럭저럭 20년을 견디며 1998년에는 《S M L XL》이라는 또 다른 책을 출간한다. 수수께끼 같은 책의 제목은 S, M, L, XL라는 기성복의 크기에서 따온 것인데, 책의 내용과 구성도 수수께끼 같았다. 어떤 이론이나 주장을 명확하게 서술하는 것이 아니라 지난 20년간 OMA를 경영하며 틈틈이 끄적였던 에세이, 일기, 여행기, 동화 등을 수록한 것이었다. 책의 뒷부분에는 OMA의 수입과 지출 내역 및 각종 영수증까지도 첨부되어 있었다.

무려 7센티미터의 두께를 가졌지만 대체 무엇을 말하려는지 도통 알 수가 없는 책, 이는 시나리오 작가였던 그의 면모를 가장 잘 드러낸 책이라 할 수 있다. 대개의 영화는 내레이터가 등장해 작가가 말하고자 하는 바를 직접 설명해 주지 않는다. 대신 주인공의 대사와 행동, 갖가지 에피소드, 거리 배경, 소품 등 단편적인 이미지를 통해 간접적으로 보여 준다. 에세이, 일기, 여행기 및 건축사무소의 잡다한 일상을 통해 현대 도시의 모습을 보여 주려고 했던 이 책은 또다시 큰 반향을 일으켰고, 동시에 그에게 '페이퍼 아키텍트 Paper Architect'라는 별명까지도 함께 주어졌다. 이는 실제로 지어지는 건축물을 설계하는 것이 아닌, 책만 쓰는 건축가라는 뜻이었다. 꼭 책만이 아니라 실제 건물 대신 계획안만을 발표하는 건축가에게 붙이는 별명이기도 했으니, 말 그대로 '종이 건축가'라는 의미였다.

앞서도 말했듯이 건축가는 계획안을 많이 발표한다. 미스

반데어로에도 마천루빌딩과 글래스타워의 계획안을 발표했다. 안도 다다오도 공터가 있으면 어울릴 만한 건물을 스케치를 해서 직접 땅 주인을 찾아갔는데 이것도 소소한 계획안 발표라 할 수 있다. 한편 계획안 외에 책을 써서 출간하는 것도 자신의 생각을 발표하는 좋은 기회가 되며, 때로 이것이 더 큰 이슈가 되기도 한다. 계획안은 건축에 관련된 사람들만 보는 것이지만, 책은 건축과 관련이 없는 사람이라도 누구나 사 볼 수 있기 때문이다.

새롭고 뛰어난 계획안을 발표해 사람들을 놀라게 하는 것이 유리컵 안에서 휘몰아치는 회오리라면, 책을 발표해 반향을 일으키는 것은 욕조 안의 회오리와 같다. 욕조 안의 사람이 온몸으로 회오리를 느끼듯 책은 사람을 변화시킨다. 그리고 그런 사람이 점점 많아지면 마침내 실제 회오리가 되어 사회를 바꾸기도 한다. 책으로 먼저 유명해진 종이 건축가 콜하스는 2000년대부터 마침내 두각을 나타내기 시작했다.

유리와 철로 만든 로봇

1999년 미국 시애틀에 있는 '시애틀 공공도서관' 신축 프로젝트가 현상설계에 붙여졌다. 이곳은 본래 1906년 철강사업으로 막대한 자본을 축적한 앤드루 카네기의 기부로 지어졌는데 세월이 흐르며 건물이 많이 낡았다. 이에 1990년대 마이크로 소프트 대표 빌 게이츠의 기부로 새로운 도서관을 다시 짓기로 한 것이다. 20세기의 강철왕 카네기에 이어 21세기의 컴퓨터왕 빌 게이츠의 기부로 지어질 도서관 현상설계에 콜하스의 계획안이 만장일치로 당선되었다.

5년이 지난 2004년 도서관이 완공되었을 때 사람들은 어리둥절했다. 지그재그로 얽힌 은색 건물이 마치 영화에 나오는 로봇 같았기 때문이다. 1층부터 꼭대기까지 네모반듯한 형태의 건물에 익숙한 사람들에게는 충격적인 모습이었다. 그런데 지그재그의 형태에 사다리꼴, 평행사변형의 모습까지 나왔다. 왜 이런 건물이 지어졌을까?

콜하스는 도서관의 전체 기능을 주차장, 직원 공간, 회의실, 서고, 임원실 등 다섯 개로 나누어 각각 하나의 덩어리 즉 플랫폼으로 구성한 뒤 이것을 지그재그로 겹쳐 쌓았다. 그리고 이 다섯 개의 플랫폼을 연결하는 사이 공간을 사람들이 자유롭게 이용할 수 있도록 했다. 예전에는 도서관이라고 하면 열람실에서 조용히 책을 읽거나 공부를 하는 곳이었지만, 이제는 자료의 형태가 변하기 시작했다. 책은 물론 비디오, 오디오, 인터넷 등 시청각 자료가 더 많아졌다. 자료의 형태가 달라졌다면 그것을 이용하는 사람의 행태도 변해야 한다. 단순히 책상 앞에서 책을 읽

시애틀 공공도서관 유리와 철제로 이루어진 독특한 외관이 인상적이다.

렘 콜하스

는 것이 아닌, 소파에 앉아 비디오를 보고, 걸어 다니며 가상현실을 즐기는 등 더 많은 행위가 일어나도록 사이에 공간을 둔 것이다.

이곳에서 사람들은 다양한 자료를 접하며 자유롭게 토론하고 체험도 할 수 있었다. 더 많은 사람이 더 자유롭게 오가기 위해서는 동선이 길어야 하고, 그러기 위해 건물을 지그재그로 배치한 것이다. 이는 콜하스가 1970~1980년대 책을 통해 꾸준히 주장해 온 개념을 형상화한 것이기도 했다. 뉴욕이 세계 최고의 문화도시가 될 수 있었던 것은 서로 다른 나라에서 온 이민자들이 한데 모여 서로 우연히 만나고 겹치면서 제3의 문화가 만들어졌기 때문이다. 따라서 도서관도 되도록 많은 사람이 모여 동선이 겹치면서 무언가 새로운 복합효과가 생겨나도록 설계했다.

특히 이 건물은 설계에서 공사까지 빌 게이츠의 기부로 지어진 것으로도 유명하다. 대기업에서 기부를 통해 공공도서관을 지으면 대략 세 가지 장점이 생긴다.

첫째, 도서관을 이용하는 시민들에게 질 높은 혜택이 돌아간다. 둘째, 그 건물을 설계하는 건축가를 후원하는 목적도 있다. 건축가는 대개 건축주의 요구 조건에 따라 설계를 해야 한다. 하지만 이런 경우는 건축가의 재량에 맡기기 때문에 자신의 창의적인 아이디어를 가장 잘 실현할 수 있는 좋은 기회가 된다. 셋째,

기부자의 이름이 널리 알려지면서 명성을 얻게 된다. 15세기 이탈리아 르네상스 시기에 메디치 가문은 자신들의 저택을 지으면서 그 설계를 미켈란젤로에게 의뢰했다. 이는 미켈란젤로라는 예술가를 후원하는 역할을 했으며, 그때 지어졌던 대저택들은 오늘날 이탈리아를 대표하는 현대미술관이나 박물관이 되었다.

전 세계의 관광객들이 이탈리아를 방문해 미술관을 관람할 때 거기 전시된 미술품을 보는 것뿐만 아니라 미켈란젤로와 메디치 가문을 기억한다. 그래서 지금도 대기업이 유명한 건축가에게 설계를 맡겨 도서관이나 미술관을 짓고 있다. 1990년 삼성그룹의 이건희 회장이 게리에게 미술관 설계를 의뢰한 것이나, 2000년대 초 한남동에 리움 미술관을 지으면서 보타, 누벨, 콜하스 등 세 명의 건축가에게 설계를 맡긴 것도 같은 이유에서였다. 물론 그즈음 서울대에서 미술관을 지을 때 삼성문화재단의 홍라희 여사가 비용을 지불한 이유도 마찬가지였다. 2000년대 초반 콜하스는 삼성과 인연이 깊어 미술관 외에도 도곡동 삼성타워 계획안, 종로구 예지동 개발 계획안도 발표했다. 한편 중국에서도 큰 프로젝트를 담당했다.

베이징의 랜드마크

2002년 4월 베이징에서 국영방송국인 '중국중앙텔레비전

CCTV 사옥'을 짓기 위한 국제현상설계 공모가 열렸다. 베이징 올림픽이 열리는 2008년에 맞추어 완공하는 것이 목표였다. 여기에 당선된 콜하스의 계획안은 사각형 고리 같기도 하고 뫼비우스의 띠 같기도 한 것이 지금까지 한 번도 볼 수 없었던 이상한 형태다. 그가 이런 형태를 디자인한 것은 가장 눈에 띄는 형태 즉 기념비적인 건물로 만들고 싶었기 때문이다.

20세기까지 기념비적인 건물을 만드는 가장 손쉬운 방법은 제일 높은 빌딩을 짓는 것이었다. 그런데 몇 년 후 누군가 그 옆에 더 높은 건물을 지으면 원래 건물은 금세 평범해지고 만다. 주로 뉴욕을 비롯한 20세기 대도시에서 흔히 벌어진 일이었다. 베이징의 시내 중심가에도 이미 300개가 넘은 고층 건물들이 촘촘히 들어서 있었다. 그렇다면 높은 건물 대신 지금까지 한 번도 볼 수 없었던 특이한 형태의 건물을 짓자고 생각했다. 사다리꼴의 덩어리에서 가운데 부분을 파내어 만든 건물은 이렇게 탄생했다.

건물은 크게 두 개의 동으로 나뉘어져 있는데 하나는 신문사와 방송국 건물이고, 또 하나는 지원 서비스와 연구·교육동으로 사용된다. 두 건물은 상층부에서 서로 연결되어 만나는데 이곳에는 경영진을 위한 사무실이 마련되어 있다. 본래 CCTV 건물 바로 옆에 또 하나의 건물이 더 세워질 예정이었다. 그것은

TVCC 즉 '텔레비전 문화센터'인데, 대규모 콘서트홀과 극장 등이 마련된 복합건물이었다.

그런데 TVCC 건물이 다 지어질 무렵이던 2008년 2월 9일 조금 이상한 일이 벌어졌다. 음력 정월 대보름이던 그날은 중국 전통 축제의 날이기도 했다. 보름달이 떠오르는 가운데 집마다 소원을 적은 등불을 달고 불꽃놀이를 하고 있는데, 누군가 쏘아 올린 불꽃이 하필 TVCC 옥상에 떨어져 불이 크게 번졌다. 처음에는 불이 난 줄도 모르고 그저 이벤트로 생각했는지도 모른다. 뒤늦게 소방차가 달려오기는 했지만 축제 때 거리를 가득 메운 사람들 틈에서 소방차는 꼼짝달싹도 못했다. 화재 진화도 제대로 되지 않은 채 축제의 밤에 시내에 모였던 사람들은 불구경을 하며 계속 불꽃놀이를 했다. 결국 건물은 모두 불타고 말았는데 이후 새 건물은 짓지 않았고, 홀로 남은 CCTV 건물은 베이징에서 가장 유명한 랜드마크가 되었다.

뫼비우스의 띠 같기도 하고 사다리꼴 도넛 형태 같기도 한 건물은 사람이 서 있는 위치에 따라 그 형태가 달라 보인다. 직사각형 건물은 어느 방향에서 사진을 찍어도 대개 비슷한 모습이지만, 이런 형태는 각도와 방향에 따라 전혀 다른 모습을 보여준다. 신문과 방송으로 대표되는 언론도 결국 그런 것이 아닐까? 사회에서 일어나는 갖가지 일들은 대개 서너 가지 원인이 복합

CCTV 사옥 2006년 세계 10대 현대건축물로 선정되었다.

되어 발생한다. 딱 한마디로 정의하기 어려운 형태, 내가 서 있는 위치에 따라 전혀 다른 모습을 보여 주는 건물, 신문사이자 방송국 건물인 CCTV 사옥은 저널리스트이자 시나리오 작가였던 콜하스의 이력을 가장 잘 드러낸 작품이라 할 수 있다.

이처럼 콜하스는 한국과 중국 등 아시아 국가에서 많은 작업을 했다. 이것은 어린 시절을 인도네시아에서 생활했던 그가 아시아를 가깝게 느끼기 때문이다. 건축 붐이 일던 로테르담, 활기 넘치던 자카르타, 용광로처럼 들끓던 이민자들의 도시 뉴욕. 이곳의 공통점은 급성장한 도시 특유의 '활력'이었다.

르네상스를 이끈
메디치 가문

#르네상스 #브루넬레스키 #레오나르도 다빈치

메디치가의 행정관청이었던 우피치 미술관

로마제국 멸망 이후 유럽은 1,000년에 가까운 시간 동안 큰 문화적 발전이
없는 정체기가 계속되는데 이를 '중세의 암흑기'라고 부른다. 그러다가 15세

기 이탈리아에서는 새로운 문예부흥운동이 일어나는데 이 시기를 '르네상스'라고 한다. 특히 피렌체를 중심으로 활발하게 전개되었는데 이것은 메디치 가문이 예술가들을 적극 후원했기 때문이다. 무역업으로 큰돈을 번 메디치 가문은 교황 넷과 왕비 셋을 배출했다. 그리고 돈과 권력을 모두 얻게 되자 이제는 문화와 예술을 후원함으로써 명예를 얻고자 했다.

우선 자신들이 살 집인 '팔라초 드 메디치'와 피렌체의 시청사라 할 수 있는 '팔라초 드 우피치', '피렌체 대성당' 등을 지으면서 조르조 바사리, 미켈로초, 브루넬레스키 등 당대 최고의 건축가에게 설계를 맡겼다. 또한 조각가 도나텔로, 미켈란젤로, 레오나르도 다빈치 등을 발굴해 그들이 예술 활동에만 전념할 수 있도록 적극적으로 후원했다.

이탈리아의 르네상스는 메디치 가문이 있었기에 가능했다고도 할 수 있으며, 이후 명문 재력가가 예술가를 후원함으로써 명예를 얻는 문화를 정착시키기도 했다. 이러한 관행은 지금도 이어져 대기업에서는 문화재단을 설립해 도서관과 미술관 등을 지어 일반에게 공개하고 있다.

7

열정 가득한

걸크러시

동대문 디자인 플라자

1950~2016

자하 하디드

자하 하디드

Zaha Hadid

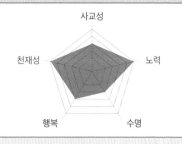

누가 뭐래도
난 좌절하지 않아!

프로필		대표 건축물
본명	자하 모하마드 하디드	비트라 소방서
출생·사망	1950년~2016년	아제르바이잔 문화센터
국적	이라크-영국	동대문 디자인 플라자
특이사항	이슬람 출신의 여성 건축가	카타르 월드컵 경기장

관계성

렘 콜하스 #AA스쿨 #선생님 #종이_건축가

안도 다다오 #도쿄_올림픽_심사위원장 #원픽

아베 신조 #정치적_야심 #용서_못_해

재미로 보는 인물 그래프

사교성

천재성

노력

행복

수명

2012년 9월 런던에 자리 잡은 설계사무소에서 하디드는 몹시 들떠 있었다. 2020 '도쿄 올림픽 경기장' 현상설계에 당선되었기 때문이다. 심사위원장이던 안도 다다오가 선정한 하디드의 계획안은 거대한 우주선 같았다. 큰 우주선 하나가 날아가다가 잠시 도쿄에 내려 쉬고 있는 듯한 느낌이었다. 올림픽까지는 8년이 남았으니 이제 곧 공사에 들어갈 것이다. 하지만 그때 도쿄에서 무슨 일이 벌어지고 있는지, 런던에 있던 하디드는 정확히 알지 못했다.

이듬해인 2013년 10월, 일본 건축가 그룹이 하디드의 디자인을 비판하고 나서기 시작했다. 쟁쟁한 건축가들이 한데 모여 당선작을 비판한 이유는 역사도시인 도쿄에 어울리지 않게 현대적이고 화려한 디자인이라는 것이었다. 가뜩이나 좁은 땅에 건물도 지나치게 컸고 더구나 우주선 같은 그 모습이 주변 경관과 전혀 어울리지 않는다고도 했다. 크고 화려한 건물을 짓자면 돈이 많이 들 텐데, 그 돈은 결국 국민 세금으로 충당하는 게 아닌가 하는 이야기까지 나왔다.

1년이 지난 2014년 9월, 결국 하디드는 원래 디자인보다 조금 단순한 형태의 디자인을 새로 내놓았다. 여론에 밀려 이미 당선된 설계안을 재설계한 것인데, 그럼에도 일본의 건축가 그룹은 무언가 탐탁지 않은 표정이었다. 그제야 비로소 짐작 가는 바가 있었다.

반대 의견을 내놓은 건축가들은 이번 현상설계에 참가했다가 낙선한 사람들이었다. 도쿄에 올림픽 경기장을 짓는 현상설계였으니 일본 건축가들에게는 안방잔치나 다름없었는데, 그것을 외국인 건축가에게 빼앗겼으니 심사가 뒤틀릴 수밖에 없었다. 하지만 일은 더욱 이상하게 꼬였다. 2015년 9월, 당시 총리였던 아베 신조는 하디드의 당선작을 갑자기 전면 취소해 버리고 새로운 현상설계 공모를 개최했다. 이렇게 되자 심사위원장이었던 다다오마저 불쾌감을 드러냈지만 어쩔 수 없었다. 이는 건축이 잘못되어서가 아니라 재집권을 노리는 아베의 정치적 노림수와 복잡하게 연결된 일이었기 때문이다.

마침내 2015년 12월 새로운 현상설계의 당선작으로 일본인 건축가 구마 겐고의 안이 선정되었다. 그런데 이번에는 또 하디드 측에서 반격에 나섰다. 겐고가 경기장 내부의 구성과 좌석 배치 등에서 자신의 계획안을 표절했다는 이유였다. 지난 3년간 참아 왔던 일에 대한 응어리 때문이었을까. 하디드의 기세는 만만치 않았다. 2016년 1월 일본 정부는 하디드에게 그동안의 설계비를 정산해 줄 테니 더 이상 이 일에 대해 거론하지 말라는

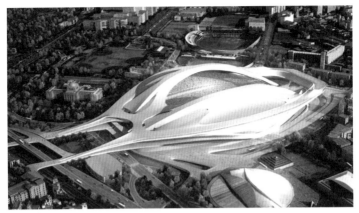

도쿄 올림픽 경기장_ 최초 설계안
원래는 화려한 우주선 모습으로 디자인했다.

도쿄 올림픽 경기장_ 수정 설계안 일본 건축가 그룹의 반발 이후
처음보다 조금 단순해졌다.

자하 하디드

요청서를 보내왔다. 하지만 그녀는 이 일을 국제재판소에 의뢰할 생각까지 하고 있었다.

여차하면 국제분쟁으로 번질 수 있는 상황이었는데, 어느 날 갑자기 모든 일이 무의미해졌다. 그해 3월 31일 미국 플로리다의 마이애미 병원에서 그녀가 갑자기 사망했기 때문이다. 향년 65세, 사인은 심장마비였다. 일본의 건축가 그룹은 그만 머쓱해지고야 말았다. 그리고 4년 후인 2020년 구마 겐고가 설계한 올림픽 경기장은 완공되었지만, 올림픽은 열리지 못했다. 코로나19 대유행으로 올림픽이 연기되었기 때문이다. 이듬해인 2021년에야 간신히 무관중으로 조용히 개막되었다. 올림픽 역사상 처음으로 무관중 올림픽이 열린 셈이다.

현상설계에 당선되었지만 무언가 석연치 않은 이유로 전면 백지화되는 비운을 겪어야 했던 여성 건축가, 그녀의 이름은 자하 하디드였다.

고대 문명의 발상지에서 건축가가 되기로 결심하다

2004년 여성 건축가 최초로 프리츠커상을 수상함으로써 유리천장, 아니 콘크리트 천장을 깬 하디드는 1950년 10월 31일 이라크의 수도 바그다드에서 태어났다. 이 무렵 이라크는 지금과는 달리 매우 개방적인 사회였다. 석유 산유국으로서 매우 부유했고 수도인 바그다드를 현대화하기 위해 르코르뷔지에, 프랭크 로이드 라이트 등 세계적인 건축가를 불러 도시 곳곳에 건물을 짓고 있었다. 여성에게도 개방적이어서 모든 기회는 동등했고, 전문직 진출이 장려되는 등 서유럽의 여느 국가와 크게 다르지 않았다.

하디드의 가정은 진보적인 곳이었다. 부유한 사업가였던 아버지는 정치에 발을 들였는데, 진보정당의 지도자였다. 어머니도 예술가여서 어린 하디드는 웃음 많고 꿈도 많은 소녀로 성장했다. 하디드의 오빠는 "하디드는 원한다면 우주 비행사도 될 수 있을 거야"라고 말했을 정도로 부모님은 하디드에게 지원을 아끼지 않았다. 가족들은 여행도 자주 갔는데 그중 이라크 남부에 있는 고대 수메르 지역에서 하디드는 큰 감동을 받는다.

인류의 4대 문명은 메소포타미아·이집트·인더스·황하 문명인데, 그중에서도 메소포타미아 문명이 가장 오래되었다. 수메르는 바로 그 메소포타미아 문명의 발상지로, 5,000여 년 전 도시 유적이 남아 있었다. 지금은 황량한 사막이 되어 버린 땅

🔨 지식 더하기 ⊗ ⊖ ⊗

유리천장
충분한 능력과 자질을 갖추었지만 여성 또는 흑인이라는 이유로 고위직 승진을 막는 조직 내의 '보이지 않는 장벽'을 말한다.

자하 하디드

위에 아직도 남아 있는 옛 도시의 흔적, 흙벽돌을 쌓아 올려 지었던 유적 옆에서 여전히 사람들이 살고 있었다. 어린 소녀의 심장은 힘차게 뛰기 시작했다. 인간의 솜씨로 지어 낸 것 중에 가장 크고 오래가는 것, 그것은 건축이었다.

'나는 장차 건축가가 되리라.'

5,000년 전 도시 유적 앞에서 11세의 소녀는 결심했다. 딸의 이야기를 들은 어머니는 얼마 후 집을 수리하면서 침실과 거실을 딸의 의견에 따라 바꾸어 볼 수 있게 해주었다. 한편 열린 마음을 가지고 있었던 아버지는 하디드를 가톨릭 재단에서 운영하는 프랑스 학교에 보내 교육했는데, 그곳에서는 이슬람교·가톨릭·유대교 아이들이 모두 한 교실에서 함께 공부했다. 중고등학생이 되어서는 영국과 스위스의 기숙학교에 다니며 여러 나라에서 온 친구들을 사귀었다.

그 무렵 하디드는 고민에 빠졌다. 건축가가 되고 싶었지만 수학도 재미있었기 때문이다. 건축을 할까, 수학을 할까 고민하다가 기하학적 도형이 주는 아름다움에 빠져 베이루트아메리칸 대학에서 수학을 전공했다. 중고등학교 수학 시간에 배웠던 타원·포물선·쌍곡선 등은 평면 위에 그려진 2차원 도형이었지만, 대학의 수학과에서는 그것이 3차원 도형이 되어 입체적으로 되살아났다. 일상에서 만나는 3차원 도형은 구형·원통형·원뿔

형·직사각형 기둥이 전부였지만, 기하학의 세계에서는 그보다 훨씬 더 아름다운 3차원 도형이 펼쳐져 있었다.

"인간이 만들 수 있는 가장 큰 조형물인 건축에 저 아름다운 곡선을 적용해 볼 수는 없을까?"

대학을 졸업한 하디드는 건축을 공부하기 위해 영국 런던으로 떠났고, 1972년 AA스쿨에 입학한다. 급진적인 학풍으로 유명한 곳이자, 렘 콜하스가 졸업했던 바로 그 학교다. 그 무렵 콜하스는 AA스쿨에서 설계를 가르치고 있었는데, 하디드의 졸업식 날 그는 "하디드는 자신의 궤도에 있는 행성"이라며 칭찬했다. 그것은 자신만의 독창적인 건축세계가 갖추어졌다는 뜻이다.

졸업 후 하디드는 곧바로 네덜란드 로테르담으로 가서 콜하스의 사무소인 OMA에 입사한다. 강사와 학생으로 만났던 두 사람은 이제 건축가와 직원으로 일하게 되었고, 하디드는 점차 뚜렷한 두각을 나타내기 시작했다. 3년 후 콜하스는 하디드에게 이제 직원이 아닌 동등한 파트너로서 함께 일하자고 제안했지만 하디드는 이를 거절하고 런던으로 돌아와 1980년 자신의 이름을 건 '자하 하디드 아키텍트'를 개업한다.

그리고 이즈음 영국으로 귀화해 국적을 취득했다. 하지만 사무소를 갓 개업한 서른 살의 애송이 건축가에게 선뜻 일을 맡기는 사람은 없었다. 게다가 하디드의 건축세계는 너무 급진적이었다. 이것은 스승이었던 콜하스의 성향이기도 했고 AA스쿨의 학풍이자 AA스쿨을 세운 건축 그룹 아키그램의 경향이기도 했다.

아키그램 학파가 설립되어 본격적인 계획안을 내놓기 시작한 것은 1960년대였는데, 그때 만든 계획안 중에는 아직도 건물로 지어지지 못한 것이 대부분이다. 이유는 대략 두 가지다. 첫째, 설계도면을 작성했다 하더라도 그것을 실제로 짓기 위한 기술력이 뒷받침되어야 하는데, 아직 그 기술이 발달하지 못했기 때문이다. 기술적으로 가능해도 실제로 구현하기는 매우 어렵고 돈도 많이 드는 일이어서 시공사들이 쉽게 나서지 않는 것이다.

둘째, 아무도 그런 이상하고 기괴한 건물을 짓기 위해 돈을 대겠다는 건축주가 없기 때문이다. 건물을 짓는다는 것은 돈이 무척 많이 드는 일이라서 신중할 수밖에 없다. 그러다 보면 결국 평범하고 무난한 형태로 짓게 되어 모든 건물은 비슷비슷해진다. SF 만화에나 나올 법한 건축물을 설계하는 건축가에게 쉽게 일을 맡기지 않는 것은 당연했다. 콜하스가 20년 가까이 '종이 건축가'로 불렸듯, 하디드도 인정받기 위해 오랜 시간을 견뎌야 했다.

콘크리트로 만든 번개와 실크 스카프

1993년 독일 비트라 가구 공장 부지 내에 지어진 '비트라 소방서' 건물은 그녀가 43세의 나이로 처음 완공한 건물이다. 비트라는 나무로 가구를 만드는 회사였는데, 1981년 큰불이 나서 목재와 가구 대부분이 타버렸다. 이에 공장 부지 내에 자체 소방서를 짓기로 하고 그 설계를 하디드에게 맡겼다. 완공된 건물은 날카로운 예각과 사선이 돋보이는 독특한 형태였다. 마치 종이를 접어 놓은 것 같기도 하고, 초음속 비행기가 내려앉은 것 같기도 했다.

흔히 네모난 박스형의 건물이라는 말을 하듯, 건물은 대개 90도 직각의 형태를 띤다. 그런데 비트라 소방서는 15도, 30도 등 수많은 예각으로 이루어져 뒤틀리고 기울어진 선이 긴장감을 주는 형태였다. 마치 유리가 깨진 것 같은 추상적인 형태에 '콘크리트로 만든 번개'라는 별명이 붙기도 했다. 이로써 하디드는 종이 건축가라는 별명을 떼고 본격적인 활동을 하게 된다.

하디드는 처음에는 날카로운 예각을 살려 디자인했지만 이후 점차 추상적인 곡선을 사용했는데, 대표적인 예가 '아제르바이잔 문화센터'다. 아제르바이잔은 터키 인근 카스피해 연안에 있는 나라로, 흔히 '불의 나라'로 불렸다. 곳곳에서 천연가스가 분출되어 땅 위에서 저절로 불이 솟아오르는 지역이 많기 때문

비트라 소방서 하디드가 독립적으로 설계한 첫 번째 건축물이다.

열정 가득한 걸크러시

인데, 이곳은 불을 숭배하는 조로아스터교의 발상지이기도 하다. 예전에는 소련 연방에 속해 있다가 1991년 독립했고, 신생공화국으로서의 문화적 정체성을 확립하기 위해 수도 바쿠에 대규모 문화센터를 짓기로 했다.

2012년 완공된 건물은 놀랄 만큼 아름다웠다. 물결치는 흰색의 유선형 디자인은 땅속에서 치솟는 불 같기도 했고, 화산 폭발 후 땅을 적시는 용암의 모습 같기도 했다. 어쩌면 구소련의 영향력에서 벗어나 새로운 국가로 도약하는 모습을 형상화한 것 같기도 했다. 하디드 건축의 가장 큰 특징이라 할 수 있는 비정형과 비대칭 및 자유로운 곡선이 가장 잘 드러난 작품이었다. 스승이었던 콜하스의 작품이 딱딱하게 각진 형태라면 하디드의 작품은 부드러운 실크 스카프를 허공에 던져 놓은 듯한 모습 같았다. 약 3만 평의 넓은 땅에 박물관, 도서관, 국제회의장, 공연장, 휴게 공간 등으로 이루어진 대형 문화시설인데, 아이러니 하게도 완공 후 온갖 악평에 시달려야 했다. 건물이 문제가 아니라 거기 담긴 복잡한 정치적 문제 때문이었다.

아제르바이잔 문화센터는 현지에서는 '헤이다르 알리예프 박물관'이라고도 불린다. 헤이다르 알리예프는 아제르바이잔 건국 직후인 1993년부터 2003년까지 대통령을 지내다가 사망한 인물이다. 그의 사망 직후 아들인 일함 알리예프가 대통령 선거

자하 하디드

아제르바이잔 문화센터 이라크 출신의 세계적인 여성 건축가 하디드의 작품에는 아름다운 곡선이 돋보인다.

에 단독 출마해 당선된 후 지금까지 20년 가까이 장기 집권을 하고 있다. 아버지와 아들이 30년에 걸쳐 2대 세습을 하고 있는 셈인데, 아제르바이잔 문화센터는 아들 대통령이 건립했다.

문화센터 입구에는 아버지 대통령이 생전에 타던 자동차가 전시되어 있고, 박물관 안에 들어가면 아버지 대통령의 유물과 소장품을 비롯해 그 업적을 평가하는 전시물과 동영상을 보여주고 있다. 한마디로 아버지 대통령을 신격화하기 위한 박물관을 지으면서 도서관과 공연장을 구색 맞추기로 끼워 넣은 것이라고 볼 수 있다. 그렇게 크고 화려한 건물을 짓기 위해 국민의 혈세가 쓰였다는 비난이 쏟아지면서 도대체 누가 설계한 건물이기에 이렇게 사치스러운가라는 이야기가 나왔다. 정치적 문제가 건축물로 번지고 급기야 그것을 설계한 건축가에게까지 불똥이 튄 것이다.

일반적으로 갓 독립한 신생국가는 민주주의가 아직 뿌리내리지 못해 정치적으로 혼란을 겪곤 한다. 이때 국민들은 혼란을 수습해 줄 강력한 지도자를 원하는데, 그렇게 당선된 대통령은 결국 장기 집권을 하고 나중에는 세습 집권까지 하는 경우가 많다. 그러면 결국 아들은 아버지를 건국 영웅으로 미화하는 작업을 할 수밖에 없고, 건물 역시 화려하고 과시적인 형태를 선호한다. 가장 화려하고 눈에 띄는 건물을 짓는 건축가, 현재 세계에서 제일 유명한 건축가를 선정해 설계를 맡긴다. 그리고 완공 후에는 건축물이 잘못되어서라기보다는, 정치적인 문제 때문에 건축가까지 싸잡아 비난의 대상이 되곤 한다. 그런 일이 하디드에게는 유난히 자주 있었다.

하디드에게 닥친 불운

2014년 서울 동대문에 완공된 '동대문 디자인 플라자', 이른바 DDP도 마찬가지였다. 본래 그곳에는 1925년 일제가 세운 경성운동장(이후 동대문 운동장)이 있었다. 운동장은 해방 후에도 한동안 이용객이 많았지만 2000년대 들어 재건축 문제가 불거졌다. 이때 체육계 인사를 비롯한 많은 사람은 그곳에 현대적인 새 운동장을 지어야 한다고 했다. 하지만 예상과 달리 서울시는 디자인 플라자를 짓기로 하고, 국제지명설계에 붙였다.

　지명설계는 미리 내정한 몇 군데 설계사무소에만 설계 공모를 의뢰하는 것이다. 누구나 공모전에 응할 수 있는 것은 아니고, 임의로 정한 몇 군데 대형 설계사무소에만 그 기회가 주어지는 것이어서 아예 지명을 받지 못한 대다수 설계사무소의 불만이 커진다. 또 지명이 되었다가 최종적으로 당선되지 못한 설계사의 불만도 커진다. 어쩐지 다 잡은 물고기를 놓친 것 같은 생각에 심리적 상실감이 더 크기 때문이다.

　디자인 플라자는 국내 건축가 네 명, 외국 건축가 네 명에게 지명설계가 맡겨졌고 그중에 하디드의 계획안이 당선되었다. 전체적인 모습은 거대한 3차원의 액체 같은 형태로, 앞서 말한 아제르바이잔 문화센터와 비슷하다고 볼 수 있다. 본래 동대문 지역에는 의류 시장을 비롯해 소규모 봉재 공장이 많았는데, 이러한 특색을 살려 젊고 역량 있는 디자이너를 지원하고 동대문을 의류 디자인의 중심지로 만들겠다는 발상으로 계획되었다. 그래서 명칭이 디자인 플라자이고, 내부에는 전시장과 공연장, 국내

동대문 디자인 플라자 전시장 및 쇼핑몰, 시민의 휴식 공간이다.

자하 하디드

디자이너들의 창업 타운 역할을 할 공방과 상점을 두었다. 건물의 형태 역시 창의적이고 미래지향적인 디자인이어서 제격이었다.

그런데 건물을 지으면서 뜻하지 않은 문제가 발생했다. 기초공사를 위해 땅을 파기 시작했는데, 그 아래에서 한양성곽 유적과 하도감 터 및 청계천의 물을 방류하던 이간수문의 흔적이 발견된 것이다. 하도감은 조선시대 한양의 치안을 담당하던 관청으로 요즘의 서울경찰청과 비슷했다. 이런 귀한 유적들이 지하에서 발굴되었으니 이를 보존하고 복구하기 위해 설계를 일부 변경해야 했다. 한 번 했던 설계를 다시 고치는 과정에서 기간이 늘어나고 이는 고스란히 설계비 증가로 이어졌다. 또한 사각형이 아닌 비정형의 건축은 시공이 어려워 공사비도 많이 든다. 이래저래 하디드의 디자인은 돈이 많이 들었는데, 이것은 결국 비난의 대상이 되었다.

2014년 동대문 디자인 플라자가 완공되었을 때 대다수의 사람은 혹평을 쏟아냈다. 건물이 자리 잡은 동대문 근처는 본래 서울의 사대문 안에 있는 역사문화지구인데, 그곳에 지나치게 현대적인 건물이 들어섰다는 이유 때문이었다. 강남이나 신도시 지역이라면 몰라도, 600년의 역사가 살아 숨 쉬는 사대문 지역에 굳이 이렇게 현대적인 건물을 지을 필요가 있는가 하는 비판이었다.

또한 건축가가 외국인이라는 것도 문제였다. 외국인 건축가가 우리 역사와 문화에 대해 얼마나 알겠는가, 이렇게 유서 깊은 자리에 짓는 건물인데 왜 한국인 건축가에게 설계를 맡기지 않았는가 하는 이야기가 나왔다. 급기야 당시 서울시장의 과시적인 행정에서 비롯한 일이라는 비난까지 나왔다. 무엇보다 설계비 증액이 문제였는데, 결국 건물 완공 후 하디드는 공사 과정에서 유적 터가 발굴되어 그것을 보존하기 위해 설계변경을 해야 했다고 이유를 해명했다.

동대문 디자인 플라자는 2006년 지명설계로 당선된 뒤 2014년에 완공되기까지 여러 번의 설계 변경과 복잡한 문제를 겪어야 했지만, 그즈음 일본 도쿄에서 겪었던 문제는 훨씬 복잡했다. 도쿄 올림픽에 대비해 경기장을 새로 짓기 위한 현상설계가 2012년에 있었다. 그때 하디드의 계획안이 당선되었지만, 지나치게 크고 화려하며 공사비가 너무 많이 든다는 비난에 설계 변경을 해야 했다. 하지만 3년 후인 2015년 아베 총리는 돌연 기존의 계획을 백지화했는데, 이는 당시 재집권을 노리던 아베의 정치적 노림수에서 비롯된 일이었다. 연일 반대 의견을 쏟아내던 일본 건축가 그룹과 국내 여론을 의식해 벌인 무리수였다.

자하 하디드

유리천장보다 견고한 콘크리트천장

이미 당선되었던 계획안이 전면 취소되고 현상설계를 새로 실시하는 것은 건축계에서 무척 드문 편이지만, 그런 일이 하디드에게는 자주 있었다. 1994년 영국 카디프 베이에 짓는 '오페라 하우스'도 꼭 그러했다. 본래 하디드의 계획안이 당선되었지만 카디프시의 복잡한 정치적 문제로 갑자기 전면 취소되고 다른 건축가가 설계한 것으로 지어졌다. 건축이 잘못되어서가 아니라 다른 문제로 설계가 취소되는 일이 두 번이나 반복되었던 것에 대해 하디드는 자신이 '삼중고'에 갇혀 있기 때문이라고 생각했다.

첫째, 하디드는 사각형 건물에서 벗어나 예각과 곡면의 형태를 추구한 건축계의 이단아였다. 이런 건축은 복잡하고 돈이 많이 들며 화려하다 못해 사치스럽기까지 하다. 특히 대규모 공공 프로젝트는 국민의 세금으로 지어지기 때문에 비난의 대상이 되기 쉽다.

둘째, 이라크 태생, 즉 이슬람 문화권에서 성장했다는 배경 때문이기도 했다. 유럽에서는 무슬림(이슬람교도)에 대해 잘못된 편견을 갖는 경우가 많다. 어린 시절 하디드는 진보적인 가정에서 자랐고 가톨릭계 초등학교를 다녔으며, 스위스와 영국에서 중고등학교를 다녔다. 영국 AA스쿨에서 공부한 후 귀화해 영국

국적까지 취득했지만 하디드에게는 여전히 '무슬림'이라는 꼬리표가 따라다녔다.

셋째, 하디드는 여성이었는데, 함께 프로젝트를 진행해야 하는 남성 건축가들은 이 사실을 몹시 불편해했다. 이슬람계 여성이라는 꼬리표는 떼어 내고 싶어도 결코 떼어 낼 수 없는 낙인이었다.

현재 대학의 건축학과에서 여학생 비율은 50퍼센트 정도로 남녀의 수는 동일한 편이다. 졸업 후 주로 설계사무소나 시공회사에서 일하고, 남학생의 진로와 별반 다를 것이 없다. 하지만 4~5년이 지나면 설계사무소의 여성들은 대개 주택이나 인테리어 디자인 등 소규모 프로젝트를 담당하곤 한다. 여성 건축가가 대규모 프로젝트를 담당하는 경우는 드물기 때문에 대부분의 남성은 하디드를 불편해했다. 하지만 하디드가 여자라는 이유만으로 드러내 놓고 비난할 수는 없었기 때문에, 대신 다른 외적인 문제를 구실 삼았던 것이다.

요즘도 여성이 사회생활을 하다 보면 유리천장을 만날 때가 있다. 건축계에는 유리천장보다 훨씬 더 견고하면서 선명히 눈에 보이는 콘크리트천장이 있는지도 모른다. 그리고 그 천장은 서유럽과 비교해 여전히 보수적인 일본 사회에서 더욱 굳건하지 않았을까.

카타르 월드컵 경기장 아랍의 전통 배 '다우'에서 영감을 얻었다고 한다.

열정 가득한 걸크러시

하디드는 도쿄 올림픽 경기장 현상설계에 당선되고도 무려 3~4년에 걸친 지루한 싸움을 벌이다가 2016년 3월 심장마비로 급사하고 말았다. 65세의 아까운 나이였다. 스승이었던 콜하스, 심사위원장인 다다오를 비롯해 많은 건축가가 70~80대의 나이에도 여전히 왕성한 활동을 하고 있는 것과 비교하면 무척 아쉬운 일이다. 이제 그녀는 없지만 우리는 2022년 월드컵이 열리는 카타르에서 하디드가 설계한 작품을 만나볼 수 있다. 바로 카타르 월드컵 경기장이다.

"순탄한 삶은 없습니다. 곳곳에서 차별과 편견 등 많은 시련을 만나기 마련이지요. 하지만 끊임없이 고민하고 부딪히고 깨져야 합니다. 위대한 도전은 계속되어야 하니까요."

하디드의 열정 넘치는 이 말은 그녀의 작품과 함께 영원히 남을 것이다.

문명과 건축

#4대 문명 #고대 문명 #수메르

세계 4대 문명 중에 가장 오래된 메소포타미아 문명은 약 1만 년 전 오늘날 중동에 해당하는 유프라테스강과 티그리스강 유역의 비옥한 초승달 지대에서 수메르인들이 처음으로 농경을 시작함으로써 문명을 이루었다.

수메르인들이 만든 건축물 중에서 우리에게 가장 널리 알려진 것은 '바벨탑'이다. 구약성서에 따르면 바빌로니아 사람들은 교만한 나머지 하늘 끝까지 닿을 만한 탑을 쌓기 시작했는데, 이것이 그만 하느님의 노여움을 사고 말았다. 하느님은 번개를 내려 그 탑을 무너뜨렸고, 사람의 언어를 서로 다르게 만드는 징벌을 내렸다. 이렇게 되자 사람들은 서로 말이 통하지 않아 계속 전쟁을 벌이게 되었다고 한다. 여기에서 몇 가지 사실들을 생각해 볼 수 있다.

우선 바벨탑은 '지구라트'라고 불리는 왕의 무덤이나 신전이다. 이집트의 피라미드에 해당하는 것으로서 피라미드의 끝부분이 뾰족한 삼각뿔 형태라면 지구라트는 평평한 사다리꼴이다. 옥상에는 꽃나무를 길렀는데, 세계 7대 불가사의 건축물 가운데 하나가 바로 이 '바빌론의 공중정원'이다. 공중정원이라고 하니까 공중 위에 붕 떠 있을 것이라고 생각하지만, 실은

지구라트

옥상정원이다. 요즘은 건물 옥상에 정원을 꾸미는 것이 손쉬운 일이지만 고대사회에서는 몹시 어려운 일이어서 불가사의하게 보였을 것이다.

　높은 건축물을 짓다 보니 기술적인 문제나 지진으로 인한 붕괴사고가 있었던 것으로 추정된다. 사람들은 이를 인간의 교만함에 대한 신의 징벌로 해석했다. 또한 메소포타미아 지역은 통일된 왕국이 아니라 아시리아, 바빌론, 페르시아 등의 수많은 군소왕국이 끊임없이 전쟁을 벌였다. 바로 이런 상황을 두고 인간들이 서로 언어가 달라 소통이 되지 않아 계속 싸우게 되었다고 묘사한 것이다.

　물론 중동은 지금도 여전히 분쟁지역이다. 그래서 이집트의 피라미드는 현재 관광이 가능하지만 지구라트는 관광이 불가능하고, 바로 이것이 피라미드에 비해 지구라트가 덜 알려진 이유이기도 하다.

8

한국 건축의

잠실 올림픽 주경기장

1931~1981

빛과 그림자

김 수 근

김수근

난 건축은 알아도 정치는 몰라.

프로필		대표 건축물
본명	김수근	남산 자유센터
출생·사망	1931년~1981년	세운상가 아파트
국적	대한민국	공간 사옥
특이사항	정치 권력에 순응	아르코 예술극장
		잠실 올림픽 주경기장

관계성

이승만 #4·19혁명 #국회의사당_백지화

박정희 #5·16 군사쿠데타 #남산 자유센터_르코르뷔지에_찬디가르 프로젝트_영감

김중업 #선배_라이벌

재미로 보는 인물 그래프

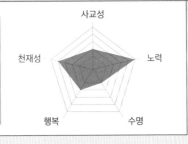

"헬로?"

열네 살의 소년은 간신히 용기를 내어 말을 걸었다. 1945년 어느 가을날의 일이었다. 그해 8월 15일, 제2차 세계대전에서 일본이 미국에 패했다. 일본인 대신 미군이 하나둘씩 늘어 가는 거리에서 눈치 빠른 아이들은 "기브 미 어 초콜릿", "기브 미 어 껌"을 외치며 주전부리를 얻어먹곤 했지만 소년의 관심사는 그것이 아니었다. 학교에서 배운 영어를 직접 써보고 싶었다.

일요일이면 명동이나 고궁에 휴일을 맞아 외출 나온 미군들이 많았다. 교과서로만 배우는 영어는 성에 차지 않아 일요일마다 고궁을 서성이던 소년의 눈에 그날 마침 앳되고 순진해 보이는 미군 하나가 들어왔다. 그는 덕수궁 석조전을 유난히 관심 있게 바라보고 있었다. 조금씩 다가가 말을 걸었고, 마침내 그가 고개를 돌려 소년을 보았다.

중학교 2학년 소년은 짧은 영어에 손짓 발짓을 섞어 가며 자기 집이 근처에 있으니 함께 놀러 가지 않겠느냐고 물었다. 느닷없는 제안이었지만 미군은 소년을 따라 집까지 함께 왔다. 가회동에 있는 개량한옥이었다. 온돌방에 앉아 이것저것 이야기를 하다가 그가 대학에 재학 중인 학도병이라는 것을 알게 되었다.

김수근

지금 건축을 전공하고 있으며 졸업 후엔 건축가가 될 거라고 했다. 소년은 문득 의아했다. 집을 짓는 것은 목수가 하는 일인데 그것을 대학에서 배운다고? 고작 목수가 되기 위해 대학에 갔다고? 소년이 다시 물었다.

"건축가라는 직업이 대통령이나 장군, 박사보다 더 중요한 것인가요?"

"미국의 대통령이라 해도 집이 없으면 벌판에 서서 비바람을 맞아야 해. 그에게 집을 지어 주는 것이 우리 건축가가 하는 일이지. 그러니까 대통령보다 더 중요한 직업이겠지?"

이제 갓 스무 살을 넘긴 미군 병사 아니 건축학과 학생의 대답은 자부심으로 넘치고 있었다. 중학생 소년은 대학생 청년에게 다음 일요일에도 우리 집에 한 번 더 놀러 올 수 있겠느냐고 물었다. 그의 관심사는 이제 영어 회화가 아니었다. 가을 햇빛이 대청마루에 깊숙이 걸린 가운데, 소년과 청년은 툇마루에 나란히 걸터앉았다.

"어떻게 하면 훌륭한 건축가가 될 수 있을까요?"

"문학작품을 많이 읽어 보렴. 사람이 사는 집을 짓기 위해서는 사람을 먼저 이해해야 하는데, 문학작품처럼 좋은 것이 없단다."

"그다음에는요?"

"사진을 공부해 보아라. 물체를 보는 힘, 흑백 명암을 보는 능력을 갖출 수 있을 것이다. 지금 대청마루 깊숙이 들어오는 저 가을 햇빛을 보렴, 툇마루에서 우리의 발끝을 간지럽히고 있는 이 햇빛을 느껴 보렴. 빛의 아름다움을 가장 잘 포착하는 것이 사진이란다."

"그리고 또, 그다음에는요?"

"그림을 그려 보아라. 그리고 음악도 공부해라. 무엇보다 여행을 많이 해서 너의 안목과 경험을 넓혀 보아라. 건축은 종합예술이란다. 그 모든 것을 체험하고 경험하면서 온전히 너의 것으로 만들어라."

"혹시 다음 주 일요일에도 우리 집에 또 놀러 와 주실 수 있나요?"

"수근, 다음 주에는 네가 우리 부대로 오지 않을래? 너에게 새로운 건축물을 보여 주고 싶어서 그래."

그때 미군 병사가 보여 준 것은 부대 안의 건축물이 아닌, 새로운 건축의 세계였다. 어린 소년이 미군 병사에게 건넨 '헬로'라는 말은 장차 자신을 건축가로 이끌 거대한 운명에게 건넨 말이기도 했다. 자신의 운명에게 처음으로 말을 건 소년, 그의 이름은 김수근이었다.

전쟁을 피해 일본으로

해방 후 우리나라의 제1세대 건축가라고 불리는 김수근은 1931년 2월 20일 함경북도 청진에서 태어났다. 그즈음 청진은 항구도시이자 공업도시로 급부상하고 있었다. 특히 정어리가 많이 잡혔는데, 아버지는 정어리를 잡아 기름을 짜서 수출하는 일로 큰돈을 벌었다. 일제강점기 대부분의 사람이 수탈로 힘든 삶을 보내는 와중에도 더러 시류를 잘 탄 사람은 큰돈을 벌기도 했는데, 김수근의 아버지가 바로 그런 사람이었다.

돈을 버는 것 못지않게 잘 쓰기로도 유명해서 최신 유행하는 옷을 지어 입고, 자가용을 타고 다녔으며, 집도 이곳저곳 깨끗이 수리를 했다. 마음에 들 때까지 몇 번이고 새로 수리한 집에는 그동안 중국과 조선에서 수집한 귀한 도자기들이 곳곳에 놓여 있었다. 아버지의 사업은 번창했지만 김수근은 곧 어머니와 함께 서울 가회동으로 이사를 오게 된다. 외아들을 지극히 사랑했던 어머니는 김수근을 청진이 아닌 서울, 그중에서도 사대문 안인 북촌에서 공부시키고 싶어 했기 때문이다. 요즘으로 말하면 조기유학이었다.

그때는 중학교를 갈 때도 시험을 쳐야 했는데, 김수근은 명문인 경기중학교에 무난히 합격했다. 그리고 중학교 2학년이던 1945년 건축학과 대학생이던 미군 병사를 만났다. 건축가가 되기로 한 그는 세계문학전집을 탐독했고, 아버지를 졸라 카메라를 사서 사진을 찍으러 다니며 청소년기를 보냈고, 1950년 서울대학교 건축학과에 입학했다. 당시 서울대학교에는 한국인 최초로 유럽에 진출한 건축가 김중업이 교수로 있었지만, 김수근은 대학을 그리 오래 다니지 못했다. 첫 학기가 끝날 무렵인 6월 25일, 한국전쟁이 일어났기 때문이다.

학교는 휴교령이 내려졌고 김수근은 부산으로 피난을 갔다. 남과 북이 전쟁이 벌였으니 함경도 청진에 기반을 둔 아버지의 사업은 크게 기울었다. 남자는 고등학생만 되어도 학도병으로 징집되었다. 열아홉 살 청년에게 불어닥친 큰 시련을 피해 그는 1951년 일본으로 밀항하기로 했다. 아버지가 쓰시던 악어가죽 가방을 팔아 간신히 돈을 마련했다.

도쿄에 하숙집을 정하고 와세다 대학에 합격했지만 등록금이 너무 비싸 입학을 포기했다. 요즘의 고시원과도 비슷한 크기의 하숙방에서 뒹굴고 있을 무렵, 주인아주머니는 방 값을 재촉하는 대신 따뜻한 저녁상을 차려 주었다. 건축을 공부하고 싶다는 김수근의 말에 온 동네를 수소문해 어느 대학의 건축학과에 다니던 학생을 친구로 소개시켜 주기도 했다. 그리고 바로 그 친구의 조언에 따라 김수근은 동경예술학교에 입학했다. 1954년의 일이었다. 학교를 다니며 아르바이트를 해야 했는데 운 좋게도 그 일은 김수근의 건축세계를 풍부하게 했다.

1950~60년대 미국에서는 경제 호황을 맞아 영화 제작산업이 크게 발달했는데, 할리우드 영화들은 대개 일본을 거쳐 한국에 수입되었다. 이때 김수근은 영화를 보며 시나리오를 번역해 한글 자막을 입히는 아르바이트를 했다. 당시 그는 액션, 멜로, SF, 다큐멘터리 등 1,000여 편에 이르는 영화를 보았는데, 이것이 그의 건축가로서의 삶에 매우 중요한 역할을 했다. 일찍이 미군 병사가 훌륭한 건축가가 되려면 문학작품을 많이 읽어야 한다고 했는데, 문학과 영화는 상상력을 바탕으로 한 스토리텔링이자 간접 체험이라는 공통점이 있다.

대개 사람은 자신이 직접 경험해 보지 않은 공간을 설계할 때 어려움을 느낀다. 수영장을 설계해 달라는 의뢰가 들어왔을 때, 지금까지 단 한 번도 수영장을 가보지 못한 사람과, 어려서부터 수영을 배웠고 지금도 여전히 수영을 좋아하는 사람 중에서 누가 더 좋은 설계를 할 수 있겠는가? 물론 지침서에 나오는 대로 수영장을 설계하면 되겠지만 그저 평범한 수영장만 만들 수 있을 뿐 그 이상의 창의력을 발휘하기는 어렵다. 바로 이것이 건축에서 체험을 중요시하는 이유다.

특히 외국 문화와 풍습 및 건축을 총체적으로 경험하는 여행이 중요해서, 일찍이 르코르뷔지에나 안도 다다오가 몇 달에 걸친 해외여행을 한 것도 그 때문이었다. 청소년 시절 만났던 미군 병사가 선뜻 김수근의 집에 함께 간 것도 한옥을 체험해 보고 싶어서였을 것이다. 직접 체험이 어렵다면 간접 체험으로서 독서나 영화도 중요한 역할을 한다. 중고교 시절 문학전집을 탐독했고, 대학 시절에 1,000여 편에 이르는 영화를 보며 김수근은 다른 나라, 다른 문화에 대한 간접 체험을 할 수 있었다. 그리고 1958년 동경대학교 대학원 건축학과에 진학해 공부를 계속했다.

젊은 건축가의 화려한 등장

그 무렵 김수근은 한국에서 이승만 대통령이 서울 남산에 국회의사당을 짓기 위한 현상설계를 개최한다는 소식을 듣게 된다. 이에 함께 유학하고 있던 박춘명, 강병기 등과 한 팀을 이루어 준비했다. 공모전에는 도면과 모형을 함께 제출하는데, 그중에 모형은 무척 섬세하게 만들기 때문에 여차하면 부서지기 쉽다. 이것을 일본에서 한국으로 가져가야 했다. 커다란 모형을 김수근 혼자 들고서 행여 망가질세라 조심조심 비행기를 타고 내렸다.

지성이면 감천이었는지 이것이 1등으로 당선되었다. 고작 스물아홉 살짜리 대학원생에게 주어진 크나큰 행운이었고, 그는 한국 건축계에 갑자기 등장한 혜성 같은 존재였다. 곧이어 김수근은 실제로 건물을 짓기 위해 을지로 3가에 설계사무소를 차리고 본격적인 작업을 시작했다. 그런데 1960년 4·19 혁명이 일어나 세상이 시끌시끌하더니 갑자기 이승만 대통령이 물러나고 국회가 해산되었다. 김수근에게는 건축주가 사라진 셈이고, 남산에 국회의사당을 짓겠다는 계획도 전면 백지화되고 말았다. 이렇게 그는 두 번째 시련을 맞게 된다.

1950년 서울대 건축학과에 입학했지만 곧 전쟁이 일어나 학교는 문을 닫았고, 1960년에는 갑자기 대통령이 하야하는 바람에 첫 데뷔작이 될 수 있었던 국회의사당 설계가 취소되었다. 두 가지 시련은 모두 국내외 정세와 맞물린 일이자 그의 의지와는 상관없이 일어난 사건이었다. 어쩌면 그의 태생부터가 그러했다. 일제강점기 아버지는 시류를 잘 타 큰돈을 벌었지만 전쟁이 일어나면서 모든 기반을 잃고 말았다. 어린 시절과 청년 시절을 훑고 지나갔던 경험들은 그에게 세상에 함부로 저항하지 말고, 흐름을 잘 타야 한다는 신조로 자리 잡게 된다.

아니나 다를까 다음 해에 일어난 5·16 군사쿠데타와 박정희의 등장은 그에게 새로운 기회가 되었다. 1961년 그는 '김수근설계사무소'를 개업했고 1962년에는 '남산 자유센터'의 설계를 맡게 된다. 앞서 이승만 대통령은 국회의사당을 지으려 했고, 박정희 대통령은 자유센터를 짓는데, 왜 하필 모두 남산이었을까?

남산 자유센터 정치적 건물답게 웅장하고 화려하다.

본래 남산에는 일제가 세운 조선신궁이 크게 자리 잡고 있었다. 신궁은 일본의 시조신과 메이지 일왕의 신위를 모신 큰 사당인데 그 규모가 엄청났다. 하지만 일제가 패망하고 나서 신궁은 허물어지고 폐허로 방치되다시피 했다. 일제가 우리의 민족성을 말살하기 위해 신궁을 지었던 땅이니, 이제 우리의 역사를 다시 세우기 위한 새 건물을 지어야 할 필요가 생긴 것이다. 국회의사당이나 자유센터는 이렇게 정치적인 건물이었다.

이때 김수근은 르코르뷔지에의 마지막 역작이라 할 수 있는 인도의 찬디가르 프로젝트에서 영감을 받아 남산 자유센터를 설계했다. 찬디가르는 영국에서 독립한 인도가 세운 새로운 수도로서 의사당, 관저 등 여러 관청 건물이 있었다. 한국 역시 독립을 했고 일제가 남산에 세웠던 조선신궁을 허물고 그 자리에 자유센터를 짓는 것이기 때문에 표현하고자 하는 정치적 메시지가 서로 비슷했다. 남산 자유센터로 김수근은 스타 건축가로 부상했고 이후 그의 행보에는 거침이 없었다.

승승장구하는 '공간'

박정희 대통령의 집권기이던 1960~1970년대 우리나라는 경제적으로 고도성장기이자 정치적으로 대한민국이라는 신생국가의 형성기였다. 일거리는 많았고 이 시기 독보적인 존재였던 김수근은 국가가 주도하는 수많은 프로젝트를 담당하게 된다. 그중 대표적인 것이 종로 3가의 세운상가 프로젝트, 대학로 마로니에 공원 프로젝트였다. 종로 3가는 조선 초기부터 역대 선왕들의 신위를 모신 종묘가 자리한 조용하고도 엄숙한 장소였다. 그래서 일제는 민족정신을 말살하기 위해 종묘와 남산을 연결하는 거대한 소개도로를 만든다.

🔨 **지식 더하기**　　　　　　　　　　　⊗ ⊖ ⊙

소개도로
공습이 났을 때 물자와 사람을 신속히 이동시키고 대피시키기 위해 만든 피난도로다. 조선시대 종묘 앞에는 돌아가신 역대 선왕들을 위한 큰 도로가 있었다. 하지만 일제는 이를 없애기 위해 피난도로를 만든다는 명목으로 소개도로를 개설했다.

하지만 일제가 물러나고 이곳은 무허가 판자촌과 술집이 하나둘 생기면서 점차 낙후되었다. 이에 정부에서는 대규모 재개발을 실시하면서 그 전체 계획을 김수근에게 맡겼다. 그렇게 해서 세워진 것이 1967년 '세운상가 아파트'였다. 상가와 아파트가 하나의 건물 안에 있는 주상복합 아파트였다.

그런데 시내 한복판인 종로 3가에 아파트가 있으니 그곳에 사는 사람은 불편할 것이다. 김수근은 이를 해결하기 위해 3층에 커다란 데크를 만들었다. 1~2층에는 상가가 마련되어 있으니 상가를 이용하는 사람과 차량은 1층에서 바로 진입하고, 아파트에 사는 사람은 3층에 마련된 인공도로라 할 수 있는 데크를 이용하도록 한 것이다. 3층 데크에는 차량이 올라갈 수 없으니 이곳은 어린이나 노약자도 안심하고 걸어 다닐 수 있었다.

또한 옥상정원도 만들었는데, 데크를 이용한 보행자와 차량 동선의 분리, 옥상정원, 주상복합 등은 르코르뷔지에의 유니테 다비타시옹에서 영향을 받았다. 말하자면 르코르뷔지에로 대표되는 현대건축의 아이디어를 우리 땅에 옮겨 심은 것이라 할 수 있다. 세운상가가 완공되자 곧 장안의 명물이 되었다. 특히 상가에는 각종 전자제품을 팔았는데 고도성장기이던 당시 TV·냉장고·세탁기 등의 가전제품은 부의 상징이어서 불티나게 팔렸다. 아파트도 연예인이나 부유한 사업가 등이 주로 사는 것

세운상가 데크
보행자의 안전을 고려한 혁신적인 건물이었다.

으로 유명했다. 하지만 1980년대 용산 전자상가가 생기면서 상점은 하나둘 용산으로 떠나고 세운상가는 점차 침체하고 말았다. 최근 세운상가를 다시 세우자는 리모델링을 추진하고 있고, 그 일환으로 렘 콜하스는 세운상가 4지역 재개발 계획안을 내놓기도 했다.

또한 1970년대 유명했던 프로젝트 가운데 하나가 대학로 마로니에 공원 조성이었다. 현재 서울시 종로구 동숭동 혜화동 일대를 대학로라 부르고 있는데, 그 이유는 일제강점기 우리나라 최초의 대학인 경성제대가 있었기 때문이다. 해방 후 경성제대는 서울대학교로 재편되어 관악구 신림동으로 이전했고, 예전에 경성제대 건물이 있던 자리를 새로운 문화의 거리로 조성하면서 여러 건물을 짓는데 그것을 김수근이 담당하게 된다.

잡지사로 유명한 샘터 사옥, 아르코 미술관과 아르코 예술극장 등 현재 마로니에 공원을 둘러싸고 있는 단아한 붉은 벽돌의 건물은 모두 김수근의 작품이어서, 마로니에 공원은 김수근의 건축박물관이라고 불릴 정도다.

또한 이 시기 진주박물관·청주박물관·부여박물관 등 각종 박물관 설계도 도맡아서 했다. 신생국가에서 박물관은 자국 문화의 우수성을 알림으로써 국민에게 민족의식과 애국심을 드높이기 위한 용도로 지어진다. 1960~1970년대 전국 각지에는 박물

아르코 예술극장 붉은 벽돌 건물은 오늘날 대학로의 상징이다.

관이 들어섰고, 김수근에게 좋은 기회가 되었다. 그의 사무실은 이제 훨씬 규모가 커졌고 서른 살의 풋내기 건축가가 마흔 살의 관록 있는 나이로 접어들었을 무렵, 김수근은 자신의 설계사무소 '공간'의 사옥을 짓기로 한다.

어린 시절 뛰놀았던 북촌 가회동 근처 원서동에 지었는데, 이는 단순히 설계사무소를 넘어 예술가들의 사랑방이기도 했다. 지하 1층에는 소극장이 있어서 김덕수 사물놀이패와 병신춤으로 유명한 공옥진 여사가 처음으로 공연을 했다. 또한 종합예술 잡지인 〈공간〉을 발간하는 편집실을 겸하기도 했다. 본래 풍류남이었던 아버지를 닮아서였는지, 아니면 음악·미술·사진·문학을 공부해 보라던 미군 병사의 조언 때문이었는지 김수근은 건축가이자 종합 예술인이었다.

김수근의 공간은 승승장구했고, 1970년대 후반에 이르러 더욱 성장했다. 서울의 권역이 강남으로까지 확대되었기 때문이다. 강남대로에 짓는 라마다 르네상스 호텔과 서울지방종합청사의 설계의뢰가 들어왔고, 잠실에 짓는 올림픽 주경기장과 체조경기장 설계도 들어왔다. 그즈음 박정희 대통령은 서울 올림픽 개최를 염두에 두고 있었다. 그때 종합운동장으로는 동대문 운동장밖에 없었는데, 이것은 일제강점기 건물이었으니 올림픽을 그곳에서 치를 수는 없었다. 1960~1970년대 우리나라 문화계의 최

김수근의 건축사무소 공간 사옥 왼쪽에 있는 붉은 벽돌 건물이 김수근의 작품이고, 오른쪽의 유리 건물은 훗날 증축한 부분이다.

대 과제는 일제의 잔재 지우기였고, 건축도 예외가 아니었다. 일본이 지어 놓고 간 건물을 헐고 그 자리에 새로운 건물을 짓거나, 아니면 일제가 지었던 것보다 더 크고 멋진 건물을 지어야 했다. 바로 그런 자리에 김수근이 불려가 설계를 맡았다.

건축가는 건축주가 있어야만 설계할 수 있음을 일찌감치 깨달은 그는 당대 최고의 건축주가 누구인지도 잘 알고 있었다. 그것은 바로 당시 정권과 대통령이었다. 김수근은 자신의 가장 든든한 건축주였던 정권에 결코 저항하지 않았고, 타협하고 순응하는 방식을 택했다. 서울시 남영동에 있는 검찰청 대공분실도 그의 작품이었다. 원래는 정보를 수집하고 간첩을 색출하는 목적으로 지어졌지만, 이후 민주화 운동을 탄압하는 장소로 악용되었던 건물이다. 그동안 그의 작품집에조차 누락되어 아무도 그것이 김수근의 작품이라는 것을 몰랐고, 이제 그곳은 민주인권기념관으로 리모델링되었다.

공간에 드리운 그림자

강남의 라마다 르네상스 호텔과 잠실 올림픽 주경기장 공사가 한창이던 어느 늦가을이었다. 줄기차게 하늘 위에 떠서 기울 줄 모르던 해도 어느 사이 눈에 띄게 짧아졌다. 오후 다섯 시만 지나도 이내 공간 사옥 안에 어둠이 스며들 무렵 라디오를 통해 믿을 수 없는 이야기가 전해지고 있었다. 박정희 대통령이 간밤에 서거했다는 소식이었다. 1979년 10월 26일의 일이었다. 그때까지만 해도 김수근은 놀라기만 했을 뿐 크게 걱정하지는 않았다. 대통령이 바뀌어도, 아니 세상이 바뀌어도 자신이 건축가인 것은 변함없었으니까. 설마하니 대통령이 바뀌었다고 지금 짓고 있는 건물이 공사를 중단할 일이야 있겠는가. "건축가가 대통령보다 더 중요한 직업인가요?"라는 물음에 "대통령도 건축가가 지은 집에서 살아야 하니, 당연히 대통령보다 더 중요한 직업

김수근

이지"라고 하던 미군 병사의 말을 떠올리며 안심하려 했다.

일제강점기와 한국전쟁, 4·19 혁명, 5·16 군사쿠데타까지 모두 겪었다. 고비마다 좌절은 있었지만 곧 새 세상이 온다는 희망을 떠올리며 그는 준비하고 있었다. 그것은 언젠가 있을 남북한의 통일이었다. 한반도의 허리를 가로지르고 있는 비무장지대를 새롭게 개편할 거대한 계획을 구상했고, 서울의 중심부이던 원서동을 벗어나 공릉동에 새로운 사옥을 지을 준비도 하고 있었다. 하지만 이 무리한 사업 확장이 조금씩 재정을 갉아먹고 있었다. 태양이 기울기 시작하면 그림자가 길어지듯, 공간 사옥에는 그림자처럼 빚이 늘어나고 있었다.

김수근은 더욱 바쁘게 일했지만 이제 오십 줄에 접어든 나이 때문인가, 같은 일을 해도 예전보다 훨씬 피곤하다는 느낌을 받았다. 마침 그가 설계했던 서울대 의대의 '간 연구소'가 한창 지어지고 있었다. 공사 현장도 살펴볼 겸 찾아간 서울대 병원에서 그는 간암 판정을 받았다. 1985년 7월 무렵이었다. 늘어나는 빚에 술로 마음을 달랬던 것이 화근이었다. 간 연구소가 차곡차곡 지어지는 동안, 그의 건강은 조금씩 허물어지고 있었다.

1986년 '잠실 올림픽 주경기장'이 완공되어 이제 88 서울 올림픽보다 먼저 86 아시안게임이 개최될 예정이었지만, 그는 끝내 개막식을 보지 못하고 말았다. 1986년 6월 14일 서울대 병원에서 눈을 감았고, 석 달이 지난 9월 20일 아시안게임이 개막했다. 김수근은 1960~1970년대 우리나라 근대건축의 새 장을 열었다. 정동MBC 사옥, 지방 도시의 여러 박물관, 경동교회, 마산양덕성당, 한국과학기술연구원KIST 본관 등 우리가 한 번씩은 보았던 이 건물들이 김수근의 작품이다. 그의 이름은 몰라도 그가 설계한 건물은 이미 접해 보았을 것이다. 물론 이렇게 되기까지 그에게는 빛과 그림자가 모두 있었다.

그는 권력 앞에서 어떻게 행동해야 하는지를 잘 알고 있었지만, 막상 그 권력이 저물기 시작할 때는 어떻게 해야 하는지 미처 알지 못했다. 이에 대한 평가는 사람마다 다르겠지만 그가 불모지나 다름없던 한국 건축계에 새로운 근대건축의 씨앗을 뿌렸다는 것만은 분명한 사실이다.

일제강점기의 건물들

#일제강점기 #근현대사 #독립운동

일제강점기 일본은 한양에 있던 조선의 전통 건물을 훼손하고 그 앞에 식민 지배에 필요한 새로운 건물을 지었다. 조선의 수도 한양에는 경복궁·창덕궁·창경궁·경희궁·경운궁 모두 다섯 개의 궁궐이 있었고, 남산에는 국사당이 있었다. 국사당은 단군왕검과 태조 이성계의 신위를 모시는 사당으로서, 나라의 태평성대와 백성의 안위를 책임지는 호국신앙의 근원지이기도 했다.

우선 일제는 조선의 정궁인 경복궁 앞에 식민 지배를 위한 최고 관청인 조선총독부를 지었다. 고종이 머물고 있던 경운궁은 고종 퇴위 후 덕수궁으로 이름이 바뀌더니 고종이 승하한 후에는 미술관이 되어 일반에게 공개되었다. 또한 덕수궁 앞에는 지금의 서울시청에 해당하는 경성부청사를 지었다. 한편 창경궁은 수난이 가장 컸는데 동물원과 식물원이 들어서고 이름마저 창경원으로 바뀌었다. 일제는 역대 임금들이 살던 궁궐을 이렇게 전락시켰다. 남산 국사당도 헐어 내고 그 자리에 이름조차 생소한 조선신궁을 지었다. 일본의 시조신 아마테라스 오미카미와 메이지 일왕의 신위를 모신 사당이었다.

현재 이런 건물들은 대부분 철거되었다. 경복궁 앞 조선총독부는 해방

경복궁

조선총독부

광화문

철거되기 이전 조선총독부 건물

후에도 한동안 중앙청으로 사용되다가 광복 50주년을 맞이하는 1995년에
철거되었다. 창경궁의 동물들은 서울대공원으로 옮겨졌고 이제 창경궁은
본모습을 되찾았다. 덕수궁 앞의 경성부청사 건물은 한동안 서울시청으로
사용되다가 현재는 도서관이 되었다. 남산 위에 있던 조선신궁은 일본이 패
망하던 날 일본인 제관들이 직접 허물고 갔으며, 지금 그 자리에는 남산 자
유센터와 남산공원이 들어서 있다.

9

가장 한국적인

아름다움

 주한 프랑스 대사관

 1922~1988

김 중 엽

김중업

인생은
타이밍이야!

프로필

본명	김중업
출생·사망	1922년~1988년
국적	대한민국
특이사항	정치 권력에 저항

대표 건축물

주한 프랑스 대사관

제주대학교 본관

KBS 국제방송센터

올림픽공원 세계평화의 문

관계성

나카무라 준페이 #나의_첫_건축 선생님

르코르뷔지에 #나의_마지막_선생님

　#유일한_한국인 제자

김수근 #후배_라이벌

재미로 보는 인물 그래프

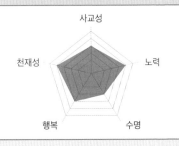

그날 이탈리아 베네치아의 산마르코 광장 앞에는 수많은 사람이 몰려 있었다. '물의 도시'라는 이름에 맞게 곳곳에 수로가 연결되어 있고, 그 수로를 따라 구불구불한 길이 이어져 있었다. 세계 각국에서 온 사람들이 광장을 가득 메우고 있는 가운데 유난히 눈이 띄는 한 사람이 있었고, 청년은 그를 놓치지 않고 바짝 따라갔다. 멋스러운 나비넥타이에 둥근 안경을 쓴 60대의 노신사, 사진으로 숱하게 봤던 모습 그대로였다.

노신사는 일행과 함께 광장 앞 수로에서 배를 잡고 있었다. 뉴욕이나 파리에서는 택시를 잡았겠지만 이곳에서는 배가 그 역할을 대신하고 있었다. 청년은 급히 발걸음을 재촉했다. 이윽고 노신사를 태운 배가 강둑을 떠나려는 순간 청년은 뛰어들기라도 하듯 그 배에 올라탔다. 배가 크게 흔들렸고, 신사는 조금 불쾌한 듯이 청년을 쏘아보았다.

"실례합니다, 선생님."

검은 머리에 검은 눈동자를 한 동양인 남자가 어색한 프랑스어 발음으로 말을 건네고 있었다. 자신을 한국에서 온 건축가라고 소개한 그는 선생님의 설계사무소에서 꼭 일하고 싶다는 말을 전했다. 프랑스 신사는 어이없다는 표정을 지었다. 한국이

김중업

라고? 그게 어디에 붙어 있는 나라인지조차 알 수 없었지만, 귀
찮은 남자를 쫓아 버리기 위해 짧게 한마디했다.

"아, 그러시군요, 언제 한번 파리에 있는 저의 사무실로 오
세요."

어느새 배는 반대편 강둑에 닿았다. 이제 다음 일정 장소가
어디더라? 프랑스 신사는 베네치아의 구불구불한 골목길을 걸
으며 동양인 청년을 곧 잊어버렸다. 하지만 나흘 뒤 그가 정말로
파리에 있는 자신의 사무실로 찾아왔을 때는 당황하고야 말았다.
그러지 않아도 몹시 바쁘던 참이었다. 7년을 끌어오던 유니테
다비타시옹이 열흘 뒤에 공사를 시작할 예정이어서 베네치아에
서 돌아오자마자 곧바로 마르세유로 가야 했다.

"어, 정말로 왔군! 그런데 내가 조금 바빠서 말이야, 간단하
게 이거라도 한번 디자인해 보게"

우선 급한 대로 손에 잡히는 도면 하나를 던져 주고 나왔다.
그리고 2주 후에 다시 사무실로 출근한 프랑스 신사는 한국이라
는 먼 나라에서 온 청년을 찬찬히 살펴보았다. 본래 미술을 좋아
해서 화가가 되고 싶었는데, 중학교 시절 미술 선생님이 건축을
권했다고 했다. 그 모습이 어쩐지 자신의 어린 시절과 닮아 있었
다. 무작정 파리에 찾아와 설계사무소 문을 두드린 당돌함마저
도 자신과 닮았다. 프랑스 신사 르코르뷔지에는 그 자리에서 동

양인 청년을 직원으로 채용했다. 한국인으로서는 유일하게 르코르뷔지에를 스승으로 둔 건축가, 그는 바로 김중업이었다.

인생의 큰 스승을 만나다

김수근과 같은 시대를 살며 선후배이자 라이벌로 활동했던 대한민국의 1세대 건축가 김중업은 1922년 3월 9일 평양에서 태어났다. 아버지가 군수였던 덕에 유복한 환경에서 자란 그는 어린 시절부터 감수성이 매우 뛰어났다. 어쩌면 집안 내력이었는지도 모르겠다. 나이 차이가 많이 나는 큰형 김광업은 의사이면서 서예가로도 유명했는데, 김중업 역시 건축가이면서 화가이자 시인이기도 했다. 만 12세가 되어 요즘의 중고등학교에 해당하는 평양고등보통학교에 입학했는데, 시를 좋아하고 그림을 잘 그리기로 유명했다. 특히 보들레르와 랭보의 시를 좋아해 그들을 따라 난해한 시를 쓰기도 했고, 강렬한 선을 가진 야수파의 그림을 자주 그렸다.

청소년 시절 김중업은 시인이나 화가가 되고 싶어 했지만, 식민지 시대 예술가의 삶은 그다지 순탄한 것이 아니었다. 사회에 저항하는 그림이나 시를 쓰면서 가난하고 힘들게 살 거라고 생각한 부모님은 아들이 예술가가 되는 것을 원치 않았다. 아버지는 군수였고 형은 공부를 잘해 경성제대 의학부를 졸업했다.

유교적 사상이 남아 있던 당시 출세는 바로 그런 삶을 의미했다.

예술가가 되고 싶었던 소년과 집안의 반대, 그 틈새를 파고 든 것은 미술 선생님이었다. 동경미술학교 출신이었던 선생님은 예술의 길과 출세가 그나마 함께할 수 있는 분야가 건축임을 알고 있었다. 예술을 하면서도 밥을 굶지 않고 자신의 역량에 따라 제법 출세도 하고 사회적 존경도 받는 직업이 건축가라고 김중업과 그의 부모를 동시에 설득했다.

그 무렵 김중업은 수학여행으로 요코하마에 다녀왔는데 항구도시 특유의 이국적인 모습과 서양식 건물들에 가슴이 설렜던 기억을 가지고 있었다. 1939년 열일곱 살이 된 김중업은 미술 선생님의 추천으로 요코하마 고등공업학교에 입학했고, 그곳에서 나카무라 준페이 교수님을 만난다. 훗날 "나에게 건축을 가르쳤던 첫 선생님은 나카무라 준페이이고, 마지막 선생님은 르코르뷔지에였다"고 할 만큼 그는 나카무라 교수님을 존경했다.

교수님은 파리의 '에콜 데 보자르' 출신이었는데, 이곳은 프랑스에서 가장 유명한 왕립건축학교였다. 본래 유럽은 대학에서 건축을 가르친다기보다 전문학교에서 가르치는데, 학교에 따라 학풍이 매우 달랐다. 앞서 렘 콜하스와 자하 하디드가 다녔던 영국의 AA스쿨이 건축 그룹인 아키그램의 학풍을 이어받아 몹시 급진적이었다는 이야기를 했다. 그런가 하면 미스 반데어로에가 교장이었던 독일의 바우하우스는 국제적이고 진보적인 학풍으로 나치의 탄압을 받아 결국 폐교되기도 했다. 그런데 에콜 데 보자르는 나폴레옹 시대에 세운 건축학교로서, 프랑스 고전건축을 가르치는 매우 보수적인 학풍을 가지고 있었다. 19세기에서 20세기 초까지 프랑스 건축계는 이 학교 출신이 주름잡고 있어서, 웬만한 사람은 명함도 내밀지 못할 정도였다.

그런데 20세기 중반 바로 그 에콜 데 보자르의 파벌을 깨버린 사람이 르코르뷔지에였다. 그로 인해 프랑스는 고전건축의 시대와 결별하고 현대건축의 시대로 접어들었다고 할 수 있는데, 김중업은 바로 에콜 데 보자르 출신의 나카무라 교수님과 르코르뷔지에의 가르침을 모두 받았다. 1941년 12월 김중업은 요코하마 고등공업학교를 수석 졸업한 후 잠시 도쿄에 있는 설계사무소에서 일하다가 곧 한국으로 귀국한다. 이 무렵 우리나라는 해방이 되었고, 1948년 그는 서울대학교 건축학과의 교수가 된다. 그리고 2년 후 김수근이 학생으로 입학한다. 김수근과 김중업은 처음에는 학생과 교수로 만났지만 1960년대는 라이벌이 되었고, 1970년대 이들은 권력 앞에서 서로 다른 길을 걸었다가 1980년대 앞서거니 뒤서거니 세상을 떠났다.

1950년대 대학 교정에서 이루어진 스무 살 대학생과 스물여덟 살 교수 김중업의 풋풋했던 만남은 곧 총성으로 얼룩지고 말았다. 한국전쟁이 발발해 학교는 문을 닫고 학생과 교수는 모두 부산으로 피난을 갔다. 급하게 마련된 임시 교사에서 학생을 가르치는 와중에서도 그 나름 소소한 즐거움이 있었다. 당시 부산 광복동 일대는 전국 각지에서 몰려든 예술가와 문인, 화가 들의 아지트 노릇을 했다. 가난한 예술가들은 다들 광복동의 다방으로 몰려들어 커피 한 잔을 앞에 놓고 시간을 때웠다. 그중 화가로는 김환기, 이중섭이 있었고 시인 조병화도 있었다.

이들은 다방에서 전시회도 열고 발표회도 가졌으니 광복동 다방은 19세기 프랑스 살롱과도 같은 문화의 산실이었다. 본래 화가나 시인이 되고 싶었던 김중업에게 이들과의 교류는 전쟁 중에 피어난 장미꽃 같은 기쁨이었다. 김중업이 자주 갔던 곳은 '금강다방'이었는데, 어느 날 그곳에서 뜻밖의 이야기를 듣게 된다. 유네스코 주최로 제1회 국제예술대회가 1952년 9월 22일부터 일주일간 이탈리아 베네치아에서 열린다는 소식이었다. 전세계의 예술가들이 모두 한자리에 모일뿐더러 한국도 초청받았다는 말에 금강다방에 모인 예술가들은 들떠 있었다. 그리고 대표단으로 보낼 다섯 명을 선발하는 자리에 김중업도 포함되었다.

첫 번째 기회

당시에는 한국에서 베네치아로 가는 비행기 직항편이 없었기 때문에 여러 나라를 거쳐야 했다. 9월 18일 부산의 수영비행장에서 일행이 출발할 때는 성악가 김천애가 나와 송가를 불러 주었고, 도쿄·방콕·콜카타·카이로·아테네·로마를 거쳐 9월 22일에야 간신히 베네치아에 도착할 수 있었다. 닷새에 걸쳐 여섯 개 도시를 이동하는 긴 여정 동안 김중업은 한 가지 생각에 사로잡혀 있었다.

"누구에게나 평생에 걸쳐 세 번의 기회는 꼭 찾아온다는 이야기를 들었기에, 이 첫 번째 기회를 절대 놓치지 말아야 한다고 다짐했다. 지금 나의 목적지는 이탈리아 베네치아이고, 목적은 국제예술 대회의 참석이다. 르네상스의 산실인 베네치아에서 세계 예술 분야의 거장들이 대거 참석한다. 그렇다면 학창 시절부터 가장 존경했던 르코르뷔지에 선생님도 직접 만날 수 있지 않을까?"

베네치아에 도착해 보니 이미 60대의 원로건축가인 르코르뷔지에는 명예 위원이 되어 줄곧 바빴다. 김중업은 오전 일정을 마치고 또 다른 회의장을 찾아 이동하는 르코르뷔지에의 뒤를 숨 가쁘게 뒤쫓았다. 르코르뷔지에가 배에 올라탄 순간 김중업도 일생에 세 번 찾아온다는 그 첫 번째 기회를 놓치지 않기 위해 함께 뛰어올랐다. 작고 흔들리는 배 위에서 르코르뷔지에와 마주했던 짧은 순간을 김중업은 영원히 기억했다.

"귀는 작은 편이었고 코끼리 눈같이 작은 눈의 소유자는 검고 굵은 테의 안경을 쓰고 뚫어지듯이 응시하고 있지 않은가. 어이없다는 표정을 짓더니 회의가 끝나는 대로 파리의 아틀리에로 찾아와 보라는 대답을 했고, 맞은편의 회의장에 닿는 대로 총총걸음으로 사라져 버렸다. 몇 안 되는 대화였지만 나에게는 벅찬 일이었고 그와 가까이 할 수 있다는 희망에 가슴이 터질 듯했다."

국제예술대회가 끝나고 일행은 한국으로 돌아왔지만 김중업은 파리로 향했다. 그리고 10월 2일 파리 세브르가 35번지에 있는 르코르뷔지에의 사무실을 찾았다.

당시 르코르뷔지에는 가장 왕성한 활동을 할 때였다. 마르세유에 이어 낭트-레제에 새로 짓는 유니테 다비타시옹, 인도 찬디가르의 신행정수도 프로젝트를 담당하고 있었다. 김중업은 바로 이 작업에 투입되어 3년간 수많은 도면을 그렸다. 그가 귀국해 활동하던 1960년대는 대한민국의 국가 탄생기이자 전쟁으로 폐허가 된 수도 서울을 한창 복구할 때였다. 무엇보다 서울의 인구가 증가하면서 아파트 건립이 시급하던 시절이기도 했다. 꿈에도 그리던 르코르뷔지에의 문하에서 유니테 다비타시옹과 찬디가르 프로젝트를 담당했으니, 그는 인생의 첫 번째 기회를 제대로 잡은 셈이었다. 1952년 10월 25일부터 1955년 12월 28일까지 3년 2개월을 근무한 김중업은 1956년 귀국해 자신의 이름은 건 설계사무소를 개업한다. 귀국하기 전부터 이미 반쯤은 유명해져 있었던 그에게 무명 시절은 없었다.

김중업의 시대

1959년 김중업은 '주한 프랑스 대사관' 현상설계에 당선된다. 1962년 완공된 건물은 그의 대표작이자 한국적 정서를 가장 잘 녹여 낸 수작이다. 전통 한옥은 안채·사랑채·행랑채처럼 기능과 용도에 따라 '채'로 나뉜다. 남성 가장이 머무르면서 손님 접대를 하는 곳이 사랑채이고, 여성과 아이들이 머물면서 생활하는 곳이 안채였다. 김중업은 바로 이 점에 착안해 프랑스 대사관도 크게 사랑채의 역할을 하는 업무동과 안채 역할을 하는 관저동으로 나누었다.

또한 안채와 사랑채는 그 형태가 조금 달라서, 공적인 공간인 사랑채가 화려하게 꾸며졌다면 사적인 안채는 실용적이고 수수하게 짓는다. 김중업은 한옥의 가장 빼어난 아름다움을 날렵하게 치켜 올라간 처마 선이라고 보았고, 이를 콘크리트 지붕으로 재현했다. 그중 사랑채에 해당하는 업무동의 지붕 선이 날아

주한 프랑스 대사관 한국식 지붕과 서양식 기둥이 합쳐진 빼어난 작품이다.

갈듯이 가볍게 치켜 올라갔다면, 관저동의 지붕 선은 약간 평평해 훨씬 수수해 보인다. 지붕의 처마 선만 보고도 어느 것이 관저동이고 업무동인지 금세 알 수 있게 되어 있다. 또한 한옥의 벽면은 기둥으로 칸을 구획하고 그 사이에 창호지 문을 두었는데, 이 점을 살려 콘크리트 기둥을 세우고 사이에 투명한 유리창을 두었다.

치마 밑으로 보이는 버선코처럼 곱게 치켜 올라간 처마 선, 나무 기둥 사이를 메우고 있는 창호지 문, 한옥의 아름다움을 가장 현대적으로 잘 녹여 낸 작품이었다. 이로 인해 김중업은 1965년 프랑스 정부로부터 기사 작위를 수여받는다. 중세 시대 전설에 자주 나오는 바로 그 기사인데, 본래는 봉건영주나 국왕이 기사 작위를 주었다. 유럽에는 아직도 이 전통이 남아서 국가를 위해 큰 공을 세운 사람에게 작위를 내리곤 하는데 그것을 김중업이 받은 것이다. 그리고 그해 8월 말 김중업은 르코르뷔지에가 프랑스 남부 해안에서 심장마비로 사망했다는 소식을 듣는다.

프랑스 대사관에 이은 또 하나의 수작은 1967년 완공된 '제주대학교 본관'이었다. 제주대학교는 1955년에 국립대학으로 승격되어 한창 캠퍼스 조성사업을 하고 있었다. 수산학부, 법문학부 건물도 그가 설계했는데, 그중에서도 본관이 가장 아름다웠다. 학교는 제주시에서 약간 벗어난 해변에 자리 잡고 있었다.

김중업

제주대학교 본관 김중업이 "21세기의 건축"이라고 표현할 만큼 시대를 앞서간 건축물이었다.

제주도는 화산 분출로 솟아난 용암으로 형성된 섬이고 이것이 오랜 시간 파도에 마모되어 독특한 경관을 가지게 되었다. 김중업이 처음 이곳을 방문했을 때 떠오른 이미지는 한 척의 배였다. 배가 바다를 향해 나아가듯, 미래를 향해 나아가는 젊은 학생들의 이미지를 형상화하고 싶었다.

　본관에는 학장실, 교수연구실, 도서관, 학생회관, 박물관 등을 모두 포함해야 했다. 요즘 같으면 하나씩 별도의 건물로 짓겠지만, 당시 제주대학교는 갓 생긴 학교여서 재정이 부족해 하나

의 건물 안에 주요 시설을 모두 담을 수밖에 없었다. 복잡한 설계였지만 층별로 기능을 분리하기로 했다. 1층은 로비이자 공용 공간, 2층은 도서관, 3층은 교수연구실, 4층 옥상에는 박물관을 두었다. 특히 옥상에는 박물관과 연결된 작은 정원도 만들고, 공연이 가능한 소규모 무대도 만들었다. 한편 교수연구실이 있는 3층에는 바다가 보이는 곳에 배의 선실 모양을 연상시키는 발코니를 두었다.

하나의 건물 안에 많은 기능이 있다 보니 자칫 동선이 혼란

김중업

스러울 수 있는데, 이를 해결하기 위해 기능별로 서로 다른 출입구를 두었다. 그러다 보니 건물 외부에 긴 램프가 만들어졌는데, 제주 바닷가에서 해녀들이 갓 잡아 올린 소라고둥 같은 독특한 모습의 건물이 완성되었다. 그의 작품 가운데 가장 빼어난 수작으로 손꼽히지만 제주대학교 본관은 고작 30년 정도만 사용되고 1996년 철거되었다. 본래 제주는 바람이 세기로 유명하다. 그중에서도 건물이 바닷가에 있다 보니 연일 소금기를 머금은 거친 바닷바람이 불어 콘크리트를 깎아 내고 철근을 부식시켰다. 이른바 '풍화'가 일어난 것이다. 그냥 두었다가는 건물이 삭아서 무너질 수도 있다는 우려 때문에 철거되었다.

반갑지 않은 손님

1960년대 우리나라 건축계는 김수근과 김중업이라는 두 명의 스타 건축가가 거의 독점하고 있었는데, 두 사람의 성격은 조금 달랐다. 김수근이 당시의 박정희 정권에 대항하지 않고 순응했다면, 김중업은 잘못된 것을 비판하는 데 있어 주저하지 않았다. 그때 우리나라는 고도성장기인 만큼 성장통도 있었다.

급히 지은 아파트가 하룻밤 사이에 갑자기 무너진 와우아파트 붕괴 사건과 서울 도심 한가운데를 흐르던 맑은 청계천을 돌연 콘크리트와 아스팔트로 뒤덮는 청계천 복개 공사가 모두

이 시기에 있었다. 더구나 청계천을 복개하면서 그곳에 살던 사람들을 허허벌판이나 다름없던 경기도 광주의 어느 곳에 집단 이주시켰다. 그곳에 가면 집 한 채씩을 준다고 약속했지만 막상 도착해 보니 벌판 위에 임시로 설치된 야전텐트가 고작이었다. 이에 사람들이 트럭을 타고 광주군청으로 몰려가 집단 시위를 벌인 것이 1971년 '광주 대단지 사건'이다. 김중업은 이 모든 일을 조목조목 따져 철저히 비판했다.

정부 시책을 비판하는 날카로운 칼럼을 신문과 잡지에 기고하던 어느 날이었다. 1971년 10월 〈건축가 김중업〉이라는 50분짜리 다큐멘터리 영화가 프랑스에서 개봉하고, 신세계 백화점 화랑에서는 때맞추어 그동안의 작품을 추려 모은 '김중업 건축전'을 열었다. 구름떼처럼 몰려온 관람객들 가운데 조금 낯선 손님이 끼어 있었다. 검은 선글라스에 지프차를 타고 온 손님은 김중업의 손에 프랑스행 여권을 차갑게 쥐어 주었다. 정부에 미운털이 박힌 죄로 사실상의 강제 출국, 서슬 퍼렇던 1970년대에는 더러 있는 일이었다. 프랑스 정부에서 수여한 기사 작위가 있었기에 프랑스 거주가 허용된 것이 그나마 다행이었다.

1971년 11월 한국을 떠난 김중업은 이후 7년 동안 프랑스와 미국에서 지낸 뒤 1978년 11월에야 간신히 돌아올 수 있었다. 그리고 이듬해인 1979년 10월 26일 박정희 대통령이 암살당하면

김중업

서 20년 가까이 집권했던 독재 정권이 막을 내렸다. 1981년 전두환 대통령이 취임하면서 제5공화국이 출범했고, 1982년 서울 강남의 우면산 아래 자리 잡을 '예술의 전당' 현상설계가 있었다. 문화와 예술의 진흥을 표방한 대형 프로젝트로 제5공화국의 야심작인 만큼, 국제지명현상설계로 진행되었다.

국내외 다섯 명의 설계사를 지명했는데 한국인으로는 김수근·김중업·김석철과 영국과 미국의 설계사가 한 명씩 있었다. 솔직히 오랜 라이벌 관계였던 김수근과 김중업의 맞대결이나 다름없었다. 두 거장의 진검승부를 보기 위해 나머지 세 명을 들러리 삼아 끼워 넣은 것 같기도 한 모양새였다. 두 사람은 이 일에 사활을 걸었다.

하늘로 간 두 개의 별

정권에 힘입어 1960~1970년대를 승승장구했던 김수근은 정권이 바뀌어도 건축은 바뀌지 않을 거라는 생각으로 임했다. 아니 이 일을 새로운 정권하에서 입지를 다질 수 있는 기회로 삼으려 했다. 7년 동안 미국과 프랑스에서 망명 생활을 하다시피한 김중업은 이 일이 자신에게 찾아온 두 번째 기회라는 생각으로 임했다.

두 거장의 한판 승부에서 결과는 김석철의 승이었다. 당시

39세이던 김석철은 젊은 시절 김수근의 설계사무소와 김중업의 사무소에서 모두 일을 배운 적 있는, 두 사람의 공동 제자이기도 했다. 김수근이나 김중업이나 제자에게 타이틀을 빼앗긴 꼴이었지만, 넓은 안목에서 보면 시대가 바뀌고 세대가 교체된 일이었다.

이 일로 두 거장은 큰 충격을 받았다. 김수근이 '공간'에서 술로 아픔을 달랬다면 김중업은 쓰러져 병원 신세를 져야 했다. 정신적 충격 외에 7년간 해외를 떠돌면서 덤으로 생긴 고혈압과 당뇨 때문이기도 했다. 몸을 가눌 수 없을 만큼 쇠약한 상황에서 그는 마지막 프로젝트라 할 수 있는 올림픽공원 '세계평화의 문' 현상설계에 매진했다. 이번에도 한옥의 가장 빼어난 아름다움이라 할 수 있는 지붕의 처마 선을 재현했다.

날아갈 듯한 두 날개를 가진 계획안이 당선작으로 선정되었지만, 그러고도 몇 번의 설계변경을 거쳐야 했다. 현상설계에 당선이 되어도 이후 몇 번씩 설계를 변경하는 것은 지금도 계속되고 있는 건축계의 관행이지만, 그 일은 김중업을 지치게 했다. 설계안을 제멋대로 뜯어고치려는 공무원을 상대로 언성을 높이다가 쓰러져 업혀 나간 적도 있을 정도였다.

화려한 날개를 가진 세계평화의 문은 1988년 서울 올림픽을 8일 앞둔 9월 12일 완공되었지만 김중업은 세계평화의 문도, 올

김중업

세계평화의 문 김중업은 권력의 독점보다 평화를 꿈꾸었다.

림픽 경기도 보지 못했다. 그보다 넉 달 앞선 5월 11일 숨이 멈췄기 때문이다. 영원한 맞수이자 라이벌이었던 김수근과 김중업은 각각 올림픽 주경기장과 세계평화의 문을 설계하고서도 올림픽을 보지 못한 채 앞서거니 뒤서거니 세상을 떠났다.

두 사람은 불모지나 다름없었던 한국 건축계에 혜성처럼 등장한 스타였다. 그중 김수근이 권력에 순응했던 건축가, 김중업은 권력에 저항했던 건축가였다는 점에서 반대의 행보를 보였지만, 새로운 정권이 들어섰을 때 두 사람의 시대도 저물어 있었다. 1980년대 예술의 전당 프로젝트에 두 사람의 공동 제자였던 김석철이 등장한 것을 시작으로 1980~1990년대 건축계는 김수근과 김중업의 제자들이 대거 등장하는 2세대 건축가의 시대가 되었다. 이제 김수근과 김중업은 없지만 우리는 거리 곳곳에서 그들의 작품을 만날 수 있다. 인생은 짧고 예술은 길다고 했듯이, 사람의 수명보다 건축물의 수명이 더 길기 때문이다.

와우아파트 붕괴 사건

#한국 현대사 #경제 개발

1950~1960년대는 서울을 비롯한 대도시에 무허가 판자촌이 많았다. 한국 전쟁으로 피난민이 많이 생겼는데 이들은 급한 대로 산비탈에 얼기설기 판잣집을 짓고 살았기 때문이다. 보기에도 좋지 않을뿐더러 시설도 열악했다.

이렇게 되자 1966년 서울시장으로 취임한 김현옥은 '불량 건물 정리 계획'을 세운다. 산동네의 무허가 판자촌을 철거한 뒤 아파트를 지어 공급한다는 것이 목표였다. 요즘은 공공임대주택이라 부르지만 당시 명칭은 '시민아파트'였다. 공공사업이었지만 예산이 충분치 않아 싼값에 아파트를 지어야 했다. 그러다 보니 부실시공이 많았고 무엇보다 단기간에 성과를 내기 위해 공사를 서둘렀다.

본래 콘크리트 건물의 기초공사는 겨울에는 하지 않는 것이 원칙이다. 땅이 언 상태에서 기초공사를 하면 따뜻한 봄날에 지반이 약해져 밑부분이 흔들리기 때문이다. 하지만 공사 기간 단축을 위해 겨울철에 기초공사를 단행했다. 그리고 이듬해 봄인 1970년 4월 8일 새벽, 아파트가 붕괴하면서 주민 23명이 사망하고 39명이 중경상을 입었다. 이 사건으로 김현옥 서울

와우지구 시민아파트 붕괴사건 현장

시장은 사퇴했고 아파트 건설도 중단되었다.

인명 피해도 문제였지만 무주택자의 주거복지를 위한 공공임대주택 사업이 중단된 것도 장기적으로 큰 문제였다고 볼 수 있다. 이 사건을 계기로 1970년대부터 아파트는 중산층을 위한 분양아파트 위주로 지어졌고, 아파트가 곧 투기의 대상이 되었다. 이후 공공임대주택은 30여 년의 시간이 지난 2000년대가 되어서야 비로소 다시 등장하게 되었다.

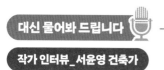
건축가를 알면 건축이
다르게 보인답니다

Q1.

이 책에 등장하는 건축가들은 모두 19세기 말에서 20세기 중반에 태어났습니다. 건축은 그 이전부터 있었을 텐데 특별히 이 시기를 선택하신 이유가 있을까요?

20세기 초반은 건축의 역사에서 매우 중요한 시기입니다. 바로 건축이 미술에서 독립해 독자적인 영역을 구축했기 때문입니다. 그 이전까지 건축은 조각·회화와 더불어 미술의 한 분야로 인식하는 경향이 강했습니다. 19세기에 지어진 건물들은 내부구조는 거의 비슷하고 다만 겉모습과 장식적인 요소에 중점을 두었습니다. 그래서 건축도 바로크나 로코코와 같은 예술사조로 분류했지요. 20세기 근대건축의 시대가 시작되면서 시민혁명과 산업혁명 이후의 사회

현실에 맞는 건축을 지향했고, 더 이상 건축을 예술사조로 분류하지 않습니다. 그래서 20세기 초반에 청년기를 보내며 활발하게 활동한 건축가를 위주로 소개했습니다.

Q2.

20세기는 제1·2차 세계대전을 비롯해서 정말 많은 사건이 있었습니다. 세계사와 건축가를 연결해서 보면 어떤 점이 좋을까요?

고대 이집트 왕국의 피라미드, 중세의 성당, 절대왕정 시대의 궁전 등 건축의 역사는 세계사의 일부이며, 결코 둘을 떼어서 생각할 수 없습니다. 20세기 초반 제1차 세계대전이 끝나고 근대사회가 시작되었습니다. 유럽의 많은 국가에서는 왕정이 폐지되고 민주주의가 정착되었지요. 왕실과 귀족 대신 국민과 대중이 등장하면서 이들을 위한 건축물이 지어졌습니다. 아파트, 오피스빌딩, 학교, 공장, 도서관, 국회의사당, 박물관 등은 20세기에 새롭게 등장한 건축유형이자 국민과 대중을 위한 건축입니다.

Q3.

수많은 건축가 가운데 9명을 고르는 일이 쉽지 않으셨을 것 같습니다. 인물 선정의 기준은 무엇이었나요?

한마디로 '혁신'이라고 하겠습니다. 20세기 근대건축은 과거와는 전혀 다른 모습인데 이는 비단 건축뿐만 아니라 미술이나 패션 등 다른 분야도 마찬가지입니다. 미술에서는 피카소가 등장해 추상화라는 독특한 경지를 열었습니다. 패션에서는 코코 샤넬이 등장해 기존의 여성복을 완전히 바꾸어 놓았습니다. 건축 역시 장식이 많고 화려한 19세기의 건축과 결별하고 20세기의 실용적 근대건축이 시작되었습니다. 르코르뷔지에, 미스 반데어로에, 렘 콜하스, 프랭크 게리 등 이 책에 담긴 인물들의 공통점은 기존의 패러다임을 뒤집는 새로운 건축을 생각해 냈다는 점입니다.

Q4.

혁신을 이루었던 건축가들의 특징은 무엇이 있을까요?

9명의 건축가 가운데 대다수는 대학에서 건축을 공부하지 않았다는 공통점이 있습니다. 대개 중학교 과정의 미술학교나 직업학교를 다녔거나 또는 대학에서 다른 공부를 하다가 뒤늦게 건축에 뛰어든 사람이 많습니다. 오늘날 설계사무소나 건설회사에서 오로지 건축 전공자만 채용하는 것을 생각하면 매우 이례적인 현상이지요. 그러나 혁신은 항상 기존과는 다른 생각에서 시작되지 않겠어요? 그러자면

한 가지만 오래 고집해 온 사람보다 다양한 영역에서 경험하고 사고해 온 사람이 더 창의적일 수 있지 않을까 생각해 봅니다.

Q5.

동대문 디자인 플라자를 설계한 자하 하디드는 무슬림 여성 건축가로서 많은 차별과 싸워야 했는데요, 여성은 건축가로 성공하기 힘든가요? 자하 하디드 외에 유명한 여성 건축가로는 누가 있을까요?

19세기에서 20세기 초반까지 여성은 사회활동을 거의 하지 않았고 예술이나 문학에서 두각을 나타낸다고 하더라도 스승이자 선배인 남성의 그늘에 가려지는 경우가 많았습니다. 여성 건축가들도 자신의 이름을 건 사무실을 열기보다는 주로 남성 건축가의 보조자로 일하는 경우가 많았지요. 물론 지금도 그런 유리천장은 사회 곳곳에 존재합니다. 그러나 현재 대학교 건축학과에서 여학생과 남학생의 비율은 거의 비슷하고 공과 대학에서 여학생 비율이 가장 높기도 해요. 그중에는 하디드처럼 높은 성취를 이룬 여성 건축가들도 있지요. 실제로 우리나라에서 가장 유명한 여성 건축가는 김진애 선생님인데, 그분 역시 "여성으로 태어났으면 건축을 하라"고 여러 번 말씀하셨어요. 건축가는 멋진 직업입니다. 원한다면 누구든 꼭 도전해 보세요.

Q6.

좋은 건축의 조건은 무엇인가요? 어떻게 하면 건축을 보는 안목을 높일 수 있을까요?

흔히 "아는 만큼 보인다"라고 하지요. 건축도 그렇습니다. 일례로 20세기의 건축을 표현할 때 "회색빛 콘크리트 박스의 건물"이라는 말로 일축해 버립니다. 하지만 미스 반데어로에의 사상("간결할수록 더 많은 것을 담을 수 있다")을 알고 나니 왜 장식 없는 사각형 건물이 등장했는지 이해할 수 있겠지요? 르코르뷔지에의 유니테 다비타시옹을 알고 나면 도심의 빼곡한 고층아파트도 이해가 될 것입니다. 이유를 알고 보면 그 건물이 왜 그 자리에 그런 모습으로 서 있는지 이해가 되듯이, 건축에 대한 전반적인 이해를 높인다면 안목도 깊어질 것입니다.

Q7.

건축가의 자질이나 덕목, 건축가가 되기 위해 준비해야 할 것 등등 건축가를 희망하는 청소년들에게 해주고 싶은 이야기가 있다면 한 말씀 부탁드립니다.

좋은 건축가가 되려면 우선 공간에 대한 감수성을 길러야 한다고 말하고 싶습니다. 훌륭한 음악가가 되기 위해서는 악기를 연습하는 것 외에도 어려서부터 좋은 음악을 많이 들어야 하고, 작가가 되려면 먼저 좋은 책을 많이 읽어야 하는 것과 마찬가지로 건축가가 되려면 많은 건축물을 보면서 그 공간에 대한 느낌을 발달시켜야 합니다. 여행을 다니면서 다양한 건축물을 보되 그냥 지나치는 게 아니라 그림을 그리거나 사진으로 찍어 두고, 감상문을 써보는 것도 좋습니다. 소년 김수근에게 미군병사가 해주었던 이야기가 기억나지요? 독서를 많이 해서 상상력을 키우고 사진을 찍고 그림을 그리고 음악도 듣고 되도록 많은 체험을 하면서 인간에 대한 이해를 넓히는 것이 중요합니다.

중학교

역사2
VI. 근현대 사회의 전개
　1. 국민 국가의 수립
　2. 자본주의와 사회 변화
　3. 국가 주도의 경제 성장이
　　이루어지다
　4. 평화 통일을 위한 노력

미술2
II. 시각 문화와 이미지
　3. 함께하는 공공 미술
　4. 소통하는 건축 이야기
　5. 새롭게 숨 쉬는 도시

고등학교

세계사
III. 서아시아·인도 지역의 역사
　1. 서아시아의 여러 제국과
　　이슬람의 형성

IV. 유럽·아메리카 지역의 역사
　2. 유럽 세계의 형성과 동요
　3. 유럽 세계의 변화
　4. 시민 혁명과 산업 혁명

V. 제국주의와 두 차례 세계 대전
　1. 제국주의와 민족 운동
　2. 두 차례의 세계 대전

VI. 현대 세계의 변화
　1. 냉전과 탈냉전

동아시아사
**IV. 동아시아의 근대화 운동과
　반제국주의 민족 운동**
　2. 제국주의 침략 전쟁과 민족 운동

V. 오늘날의 동아시아
　1. 제2차 세계 대전 전후 처리와

교과 연계

책

1. 르 코르뷔지에

장 장제르, 김교신 옮김, 《인간을 위한 건축》, 시공사, 1997.

르 코르뷔지에, 조정훈 옮김, 《동방 기행》, 다빈치, 2005.

르 코르뷔지에, 이관석 옮김, 《건축을 향하여》, 동녘, 2002.

르 코르뷔지에, 정성현 옮김, 《도시계획》, 동녘, 2003.

르 코르뷔지에, 정진국·이관석 옮김, 《프레시지옹》, 동녘, 2004.

2. 미스 반 데르 로에

프리츠 노이마이어, 김영철·김무열 옮김, 《꾸밈없는 언어》, 동녘, 2009.

천장환, 《현대 건축을 바꾼 두 거장》, 시공사, 2013.

이호정, 《시카고의 건축가들》, 태림문화사, 2007.

에드가 스탁, 제라니모 유 옮김, 《미스 반 데어 로에 건축의 공간-재료-디테일》,
　　MGHBooks, 2019.

봉일범, 《베를린 1923》, 시공문화사, 2001.

3. 프랭크 게리

밀드레드 프리드먼 엮음, 이종인 옮김, 《게리》, 미메시스, 2010.

이일형, 《프랭크 게리》, 살림, 2004.

황철호, 《건축을 시로 변화시킨 연금술사들》, 동녘, 2013.

바버라 아이젠버그, 이상근 옮김, 《프랭크 게리와의 대화》, 위즈덤피플, 2011.

4. 렌초 피아노

도쿄 대학 공학부 건축학과 안도 다다오 연구실 엮음, 신미원 옮김, 《건축가들의
　　20대》, 눌와, 2008.

루스 펠터슨·그레이스 옹–얀 엮음, 황의방 옮김, 《건축가》, 까치글방, 2012.

피터 블룬델 존스·에이먼 카니프, 황보봉 외 옮김, 《근대건축 작품연구 1945-
　　1990》, 대가, 2018.

후지가미 마사유키, 박항섭 외 옮김, 《세계의 건축가-사상과 작품》, 기문당, 2008.

5. 안도 다다오

안도 다다오, 이진민 옮김, 《안도 다다오 일을 만들다》, 재능교육, 2014.

안도 다다오, 이규원 옮김, 《나, 건축가 안도 다다오》, 안그라픽스, 2009.

안도 다다오, 이규원 옮김, 《건축을 꿈꾸다》, 안그라픽스, 2012.

안도 다다오, 송태욱 옮김, 《안도 다다오》, 미메시스, 2011.

안도 다다오, 이기웅 옮김, 《안도 다다오의 도시방황》, 오픈하우스, 2011.

6. 렘 콜하스

존 스톤스, 김현우 옮김, 《세상에서 가장 영향력 있는 50인의 건축》, 미술문화,
　　2011.

라파엘 모네오, 이영범 옮김, 《8인의 현대건축가》, 공간사, 2008.

김문덕, 《렘 콜하스와 네델란드 근·현대건축》, 태림문화사, 2005.

김원갑, 《렘 콜하스의 건축》, 시공문화사, 2008.

7. 자하 하디드

루스 펠터슨·그레이스 옹-얀 엮음, 황의방 옮김, 《건축가》, 까치글방, 2012.

자예 애베이트·마이클 톰셋, 김주연 엮음, 김현정 옮김, 《건축의 거인들, 초대
　　받다》, 나비장, 2009.

한노 라우테르베르크, 김현우 옮김, 《나는 건축가다》, 현암사, 2010.

8. 김수근

황두진, 《건축가 김수근》, 나무숲, 2007.

김수근문화재단 엮음, 《당신이 유명한 건축가 김수근입니까?》, 공간사, 2002.

김수근, 《좋은 길은 좁을수록 좋고 나쁜 길은 넓을수록 좋다》, 공간사, 2006.

김수근·장세양, 《공간사옥》, 시공문화사, 2003.

9. 김중업

김중업, 《김중업》, 열화당, 1984.

정인하, 《시적 울림의 세계》, 시공문화사, 2003.

정인하, 《집은 노래 불러야 한다》, 하늘아래, 2002.

김석철·오효림, 《도시를 그리는 건축가》, 창비, 2014.

사진 출처

22쪽　ⒸCristo Vlahos; 위키미디어

53쪽　https://www.taliesinpreservation.org

54~55·57쪽　https://franklloydwright.org

61쪽　https://abit.ly/cpz6hx

132쪽　https://www.vinci-concessions.com

152쪽　http://space72.blogspot.com

162쪽　https://abit.ly/l1qiol

173쪽　https://thebestindesign.net

187쪽(위)　https://www.floornature.it

187쪽(아래)　https://qz.com

204쪽　카타르 국립 관광 위원회

224쪽　https://www.arko.or.kr

246~247쪽　https://url.kr/8xqk4y

다른 포스트

뉴스레터 구독

이상한 나라의 기발한 건축가들
지구에 없는 디자인으로 도시의 풍경을 창조하다

초판 1쇄　　2022년 3월 29일
초판 3쇄　　2024년 8월 30일

지은이　　서윤영

펴낸이　　김한청
기획편집　　원경은 차언조 양선화 양희우 유자영
마케팅　　정원식 이진범
디자인　　이성아
운영　　설채린

펴낸곳 도서출판 다른
출판등록 2004년 9월 2일 제2013-000194호
주소 서울시 마포구 동교로 27길 3-10 희경빌딩 4층
전화 02-3143-6478　**팩스** 02-3143-6479　**이메일** khc15968@hanmail.net
블로그 blog.naver.com/darun_pub　**인스타그램** @darunpublishers

ISBN 979-11-5633-447-7 (43300)
　　　979-11-5633-437-8 (세트)

다른 생각이
다른 세상을 만듭니다